Sopa de letras en ingles
Libro para aprender ingles
1500 palabras únicas
100 juegos

Encuentra todas las palabras de la lista en la cuadrícula. Están dispuestas de forma vertical, horizontal y diagonal.

Hay 15 palabras por cuadrícula. Se trata de las palabras más comunes y utilizadas de la lengua inglesa, por lo que aprenderás de forma divertida.

Si no conoces una palabra, búscala en un diccionario o en Internet.

Diviértete.

L	O	N	E	R	L	R	M	A	F	T	X
A	Q	D	V	C	W	I	R	E	T	T	J
O	K	Z	D	A	P	P	R	O	V	A	L
Z	T	O	T	H	C	O	N	T	E	X	T
P	I	C	E	H	O	C	H	A	R	G	E
I	H	E	A	C	R	R	I	E	H	P	P
M	L	N	K	K	P	V	S	D	A	G	D
K	G	B	K	O	O	L	N	E	E	D	L
E	H	J	L	H	R	T	A	Y	S	N	B
Y	I	I	R	O	A	J	P	G	E	C	T
C	C	C	Z	S	T	C	I	C	E	H	T
E	E	W	K	C	E	A	K	F	G	G	U

ACCIDENT	APPROVAL	CHANGE
CHARGE	CONTEXT	CORPORATE
HEAD	HEEL	HORSE
NECK	POLICE	SNAP
TASK	WATCH	WIRE

¡Es tan sencillo!

Puzzle #1

J	Y	T	R	U	C	R	G	X	M	A	B
N	X	X	N	I	U	B	N	Q	G	U	H
J	W	S	J	S	F	D	E	C	K	I	O
N	Y	T	E	F	U	L	D	I	M	N	W
Q	X	A	I	T	O	N	E	S	N	O	O
K	H	T	Y	O	T	M	E	G	R	G	U
E	P	I	W	D	R	L	S	K	A	X	L
Z	P	O	S	A	F	T	E	G	N	J	D
E	D	N	S	Y	U	R	N	M	K	T	S
X	Z	T	X	D	F	X	A	O	E	I	M
H	F	P	Y	K	E	U	T	L	B	N	Y
W	Q	D	E	L	I	V	E	R	F	D	T

BEING
DECK
DELIVER
DUTY
HIMSELF
RANK
RIFLE
SENATE
SETTLEMENT
STATION
STUDY
TODAY
TONE
WORKER
WOULD

Puzzle #2

L	O	N	E	R	L	R	M	A	F	T	X
A	Q	D	V	C	W	I	R	E	T	T	J
O	K	Z	D	A	P	P	R	O	V	A	L
Z	T	O	T	H	C	O	N	T	E	X	T
P	I	C	E	H	O	C	H	A	R	G	E
I	H	E	A	C	R	R	I	E	H	P	P
M	L	N	K	K	P	V	S	D	A	G	D
K	G	B	K	O	O	L	N	E	E	D	L
E	H	J	L	H	R	T	A	Y	S	N	B
Y	I	I	R	O	A	J	P	G	E	C	T
C	C	C	Z	S	T	C	I	C	E	H	T
E	E	W	K	C	E	A	K	F	G	G	U

ACCIDENT
APPROVAL
CHANGE
CHARGE
CONTEXT
CORPORATE
HEAD
HEEL
HORSE
NECK
POLICE
SNAP
TASK
WATCH
WIRE

Puzzle #3

E	E	C	F	K	P	O	Q	U	R	G	X
M	V	W	G	T	P	U	R	P	O	S	E
P	V	L	A	R	G	E	L	Y	J	I	V
H	I	H	S	T	A	R	E	B	S	N	Y
A	S	E	Q	S	T	R	A	T	E	G	Y
S	U	N	M	T	C	E	K	X	R	E	Z
I	A	I	P	E	W	O	N	H	V	R	P
Z	L	Z	F	A	G	H	P	T	E	K	Y
E	K	W	I	D	E	L	Y	E	I	R	R
Z	G	A	V	Y	X	N	C	O	T	O	N
J	N	R	E	F	U	G	E	E	S	F	N
J	E	A	W	B	H	Y	A	L	U	I	B

ATTENTION
LARGELY
SCOPE
SMILE
STRATEGY
EMPHASIZE
PURPOSE
SERVE
STARE
VISUAL
FIVE
REFUGEE
SINGER
STEADY
WIDELY

Puzzle #4

I	D	S	T	A	G	E	F	K	I	I	X
B	N	A	T	U	R	A	L	L	Y	L	Q
D	E	D	C	O	D	Y	O	Q	O	I	T
B	W	Q	E	U	M	A	A	Q	Q	K	Y
V	S	I	L	P	M	A	T	F	C	E	O
L	H	H	E	R	E	E	C	E	L	L	Y
R	G	N	B	T	N	N	A	H	D	Y	D
L	N	K	R	O	U	K	D	N	T	A	B
Z	R	S	A	U	C	E	D	E	K	Y	S
G	D	T	T	H	R	E	E	P	N	G	D
K	U	P	E	R	H	A	P	S	V	C	K
L	A	F	S	E	N	S	I	T	I	V	E

CELEBRATE
CELL
FLOAT
INDEPENDENCE
LIKELY
MEAN
MENU
NATURALLY
NEWS
PERHAPS
SAUCE
SENSITIVE
STAGE
STOMACH
THREE

Puzzle #5

I	S	R	A	E	L	I	G	U	J	P	M
C	O	O	E	P	A	Y	G	G	S	W	A
L	N	U	M	B	A	D	L	Y	X	B	B
V	G	D	K	E	U	I	T	V	A	T	O
U	U	O	P	S	W	J	N	J	T	R	C
S	I	N	E	K	I	H	T	F	R	H	C
E	C	Z	E	W	T	D	E	A	U	W	U
B	E	K	S	Q	N	U	T	R	E	L	R
M	X	Z	C	T	E	E	C	W	E	F	Q
D	D	R	B	Z	S	H	O	H	F	L	H
I	B	X	Z	S	S	I	P	O	T	H	W
T	P	M	S	L	A	V	E	M	B	J	X

BADLY
ISRAELI
PAY
SLAVE
TRUE

CHURCH
OCCUR
POT
SOMEWHERE
WHOM

COPE
PAINFUL
RATE
SONG
WITNESS

Puzzle #6

B	E	O	U	D	H	T	P	R	G	G	Y
C	C	S	A	A	R	C	W	P	A	Y	T
W	V	B	C	Q	V	I	T	E	A	S	B
G	A	L	L	E	R	Y	G	L	C	E	X
M	Y	S	T	E	R	Y	B	E	E	J	U
U	F	I	T	V	O	M	K	M	K	D	S
R	M	G	B	E	R	O	T	E	T	E	T
R	J	N	G	T	J	D	U	N	X	V	I
R	C	A	I	E	S	E	T	T	L	E	K
J	Z	L	I	R	I	S	H	A	O	L	U
E	O	H	L	L	K	T	V	R	S	O	P
P	N	I	L	I	F	T	S	Y	T	P	L

DEVELOP
ELEMENTARY
GALLERY
GAZE
ILL
IRISH
JAIL
LIFT
LOST
MODEST
MYSTERY
SETTLE
SIGNAL
TV
WASTE

Puzzle #7

T	O	C	S	O	P	W	B	I	Y	B	Y
N	P	F	O	R	Y	Y	X	O	O	J	T
R	H	R	T	N	R	T	C	L	O	C	K
W	O	I	E	E	T	W	H	Z	P	Z	F
W	N	E	L	A	A	I	G	A	P	W	U
O	I	N	P	L	D	C	N	B	O	V	I
R	D	D	G	M	C	I	H	U	N	S	V
D	E	S	T	R	O	Y	N	I	E	O	I
Y	A	H	S	W	U	M	J	G	N	L	T
M	L	I	N	D	N	X	E	W	T	G	G
Y	G	P	S	O	T	D	I	N	H	I	Q
N	F	H	K	G	Y	T	P	N	T	J	U

CONTINUE	COUNTY	DESTROY
FOR	FRIENDSHIP	HILL
IDEAL	LOCK	MOMENT
OPPONENT	OWN	READING
SIGN	TEACHING	WORD

Puzzle #8

H	E	A	D	Q	U	A	R	T	E	R	S
D	F	M	E	A	T	L	T	H	H	S	A
C	J	A	P	A	N	E	S	E	O	Q	M
W	C	P	R	O	F	E	S	S	I	O	N
M	O	B	E	H	L	K	K	D	P	V	R
F	M	C	S	W	A	G	E	I	O	A	W
B	P	L	S	P	Z	C	M	S	B	K	M
K	L	E	I	Z	L	P	P	A	S	R	E
E	E	A	O	I	R	E	S	S	E	T	P
M	T	N	N	E	E	K	N	T	R	N	Z
O	E	E	S	D	E	U	H	E	V	O	K
F	K	S	M	T	A	L	H	R	E	V	A

BASKET
CLEAN
COMPLETE
DECLINE
DEPRESSION
DISASTER
HEADQUARTERS
IMPRESS
JAPANESE
MEAT
OBSERVE
PROFESSION
SPEED
WAGE
ZONE

Puzzle #9

H	Q	U	A	R	T	E	R	X	T	S	V
B	O	J	U	P	O	F	L	A	V	O	R
N	H	T	D	P	P	L	F	G	N	E	E
I	J	N	I	O	O	T	C	E	S	Q	P
A	C	E	E	H	E	N	R	I	R	T	U
Q	W	U	N	R	D	Q	S	E	W	G	B
C	N	O	C	N	W	T	F	U	N	U	L
A	G	L	E	O	A	T	Y	M	D	D	I
I	D	E	R	N	M	E	G	G	N	H	C
X	G	K	C	N	H	M	E	I	I	O	A
N	S	E	U	M	V	T	I	C	S	W	N
H	Z	F	Q	S	M	A	S	T	E	R	E

AFTER	AUDIENCE	BUDGET
COMMIT	COST	FLAVOR
HOW	MASTER	ONE
QUARTER	REPUBLICAN	RESISTANCE
TREND	UPON	WORKS

Puzzle #10

A	R	E	G	U	L	A	T	I	O	N	A
M	E	D	I	C	A	L	X	O	O	I	G
I	N	U	N	I	W	B	L	Y	K	R	R
Q	T	C	V	N	A	H	S	C	A	E	I
L	R	A	O	V	R	Z	Z	D	Y	M	C
U	A	T	L	O	D	F	U	U	I	I	U
P	N	I	V	L	B	A	K	E	M	N	L
B	C	O	E	V	T	X	N	H	K	D	T
B	E	N	M	E	E	T	I	N	G	W	U
D	A	A	E	D	I	S	C	U	S	S	R
O	C	L	N	A	J	D	E	V	B	E	A
P	H	O	T	O	G	R	A	P	H	G	L

AGRICULTURAL
AWARD
BAKE
DISCUSS
EDUCATIONAL
ENTRANCE
GRADUATE
INVOLVED
INVOLVEMENT
MEDICAL
MEETING
OKAY
PHOTOGRAPH
REGULATION
REMIND

Puzzle #11

S	H	O	M	E	L	E	S	S	Y	P	X
V	O	F	F	E	N	S	I	V	E	D	X
Q	S	U	P	P	O	R	T	E	R	H	O
L	P	R	E	T	T	Y	N	Y	W	B	F
C	I	V	I	L	I	A	N	S	E	X	T
R	T	T	S	W	X	W	D	V	A	I	E
G	A	U	E	X	P	L	O	S	I	O	N
P	L	S	H	R	E	S	O	U	R	C	E
M	E	D	I	C	A	T	I	O	N	N	K
E	I	G	I	N	C	L	U	D	I	N	G
S	X	N	P	E	S	O	L	H	U	P	O
S	S	R	D	Y	G	J	O	Y	V	F	T

CIVILIAN
HOSPITAL
MEDICATION
OFFENSIVE
RESOURCE

EXPLOSION
INCLUDING
MESS
OFTEN
SUPPORTER

HOMELESS
LITERALLY
MIND
PRETTY
WE

Puzzle #12

R	M	A	F	V	M	E	Z	D	R	F	T
G	H	V	B	P	C	W	F	Y	J	B	B
D	M	F	O	C	E	R	A	V	N	I	V
I	U	W	U	L	I	A	X	L	M	T	G
D	O	C	C	U	P	A	T	I	O	N	Q
A	E	O	Z	L	P	R	X	X	X	N	R
K	M	S	U	B	E	T	I	N	Y	P	E
E	A	S	I	A	U	J	L	E	R	X	Q
Y	U	I	T	R	E	N	V	I	F	I	M
R	Z	T	E	H	E	A	C	V	D	N	D
E	E	N	S	U	R	E	C	H	A	I	R
X	P	I	C	W	O	X	Y	K	H	B	Y

ALONE
DESIRE
OCCUPATION
RID
TINY

BUNCH
ENSURE
PLUS
SAY
TREAT

CHAIR
MIXTURE
PRICE
SIT
WELCOME

Puzzle #13

Z	Q	Q	T	W	U	K	O	M	M	X	F
O	J	J	M	P	R	O	P	E	R	T	Y
U	O	Q	M	A	T	E	R	I	A	L	W
D	L	P	T	S	D	H	A	N	D	M	Q
D	S	U	B	S	T	A	N	T	I	A	L
W	P	I	C	T	U	R	E	R	C	G	W
O	R	E	F	O	R	M	E	T	A	A	P
U	O	I	G	Z	D	F	V	J	L	Z	C
N	C	C	T	N	L	F	B	O	B	I	A
D	E	Y	R	E	P	R	E	S	E	N	T
M	E	G	C	B	R	I	C	K	F	E	C
B	D	T	X	Y	J	I	L	X	B	G	H

BRICK	CATCH	HAND
MAGAZINE	MATERIAL	PICTURE
PROCEED	PROPERTY	RADICAL
REFLECT	REFORM	REPRESENT
SUBSTANTIAL	WOUND	WRITER

Puzzle #14

L	L	N	O	P	R	G	D	O	V	P	Q
Y	J	G	D	K	B	A	T	T	E	R	Y
R	P	R	Y	U	U	M	T	M	W	X	S
Z	R	F	E	G	B	L	A	D	E	U	Q
O	O	S	H	S	F	P	F	I	R	M	H
C	C	T	O	E	P	X	L	Z	N	X	J
N	E	R	B	L	A	O	Z	A	L	L	T
R	S	A	E	P	U	R	N	N	C	Q	Y
E	S	D	C	L	W	T	T	D	L	E	E
I	C	E	O	O	A	M	I	R	E	U	H
P	P	S	M	T	Y	X	Q	O	D	N	B
Z	V	C	E	B	D	O	Y	T	N	E	T

APPLE
BLADE
HEART
PLOT
RESPONDENT

BATTERY
DAUGHTER
MAINLY
PROCESS
SOLUTION

BECOME
FIRM
PLACE
RELAX
TRADE

Puzzle #15

B	R	E	A	K	F	A	S	T	D	W	K
Y	J	P	T	P	R	O	T	E	I	N	E
D	Z	O	I	R	A	Q	I	Z	B	L	C
H	W	E	C	A	B	R	Z	C	H	B	O
O	S	P	K	G	N	E	T	E	O	S	W
Z	E	W	E	M	I	O	D	M	T	Q	E
M	O	S	T	L	Y	W	M	R	E	A	U
U	N	I	T	E	D	N	I	B	O	N	D
S	T	R	E	S	S	K	I	J	Q	O	T
C	E	N	F	D	E	I	Q	U	I	V	M
L	A	L	M	O	S	T	C	U	W	R	W
E	N	G	F	D	J	V	M	B	U	F	Q

ALMOST
BOND
MOSTLY
PROTEIN
STRIKE
APARTMENT
BREAKFAST
MUSCLE
SELF
TICKET
BEDROOM
IRAQI
PIANO
STRESS
UNITED

Puzzle #16

S	A	D	P	F	Q	S	V	C	U	V	R
M	L	R	C	T	O	U	C	H	S	L	L
Q	L	R	E	P	S	R	O	O	C	L	R
O	A	X	A	P	E	N	V	B	O	T	H
T	P	U	J	A	O	N	H	L	M	A	D
U	B	Q	T	R	S	R	A	Q	M	C	K
S	H	E	L	T	E	R	T	L	I	K	W
P	J	S	D	D	I	R	E	C	T	L	Y
O	R	H	K	S	O	L	A	R	M	Y	S
T	C	J	G	L	G	R	A	R	E	L	Y
C	O	A	L	I	T	I	O	N	N	J	S
A	O	Z	R	E	G	U	L	A	T	E	K

BOTH
CREATE
PENALTY
REPORT
SOLAR
COALITION
DIRECTLY
RARELY
ROLL
SPOT
COMMITMENT
HONOR
REGULATE
SHELTER
TOUCH

Puzzle #17

D	I	F	Q	U	N	K	B	E	N	Q	D
A	C	M	N	H	L	T	B	N	S	M	T
D	C	H	H	O	C	C	U	P	Y	E	V
R	R	A	W	Q	R	R	O	R	B	A	H
Z	T	E	R	W	C	T	I	I	Q	S	H
X	R	N	G	R	S	Y	H	M	F	U	P
H	E	S	G	U	I	W	H	A	E	R	W
V	M	J	C	M	L	E	T	N	Z	E	C
X	O	V	J	C	L	A	R	W	L	M	F
W	T	D	O	C	T	O	R	K	I	E	I
R	E	A	S	O	N	L	T	L	A	N	D
W	G	R	A	D	U	A	L	L	Y	T	D

CARRIER
GRADUALLY
LET
NORTH
REGULARLY

CRIME
HAT
LOWER
OCCUPY
REMOTE

DOCTOR
LAND
MEASUREMENT
REASON
WIND

Puzzle #18

D	L	X	O	E	M	X	G	G	Y	V	V
H	G	O	H	A	J	M	N	E	P	L	W
M	O	I	G	A	W	O	V	M	U	D	S
A	Q	O	U	W	O	F	F	I	C	E	R
V	R	I	N	K	N	O	C	K	F	A	E
A	X	T	Z	M	D	O	M	I	T	B	S
P	Q	U	I	T	E	H	V	H	T	T	O
A	O	G	D	S	R	P	E	E	B	E	R
R	H	U	R	X	T	R	T	A	L	B	T
T	L	E	F	A	I	R	O	Q	R	T	R
N	T	T	A	P	B	R	I	E	F	Y	R
P	U	H	G	R	P	H	W	T	T	E	H

APART
CITE
HEAR
NOVEL
RATHER
ARTIST
FAIR
KNOCK
OFFICER
RESORT
BRIEF
GRAB
MIGHT
QUITE
WONDER

Puzzle #19

Y	Q	P	O	A	Y	T	K	X	B	I	I
N	E	S	K	Z	K	T	O	F	U	N	D
L	I	C	E	N	S	E	A	P	V	D	M
S	N	Z	N	R	O	N	I	E	F	U	A
B	U	W	U	F	V	W	S	M	S	S	N
U	M	X	C	R	Y	T	L	T	F	T	L
K	U	U	L	C	I	N	L	E	A	R	N
Q	Z	D	E	G	W	V	V	B	D	Y	Q
U	J	T	A	G	E	N	C	Y	T	G	H
C	J	T	R	D	I	S	T	A	N	T	E
W	O	R	T	H	G	L	T	O	M	R	D
R	E	N	Z	X	H	A	V	E	C	H	X

AGENCY
DISTANT
FAN
FUND
HAVE
INDUSTRY
INVESTIGATOR
KNOWLEDGE
LEARN
LICENSE
MAN
MUST
NUCLEAR
WEIGH
WORTH

Puzzle #20

H	H	J	V	J	E	H	G	E	H	U	S
K	D	D	L	Z	U	W	V	L	A	G	P
N	S	F	R	J	E	W	I	S	H	H	B
C	W	C	A	E	C	M	S	C	E	O	K
V	U	C	K	I	I	E	O	H	L	S	E
X	Q	E	R	T	S	N	L	E	L	T	C
G	N	U	H	S	S	C	R	M	G	Z	O
D	W	V	A	E	O	J	U	E	E	N	G
Z	H	P	N	L	I	S	E	R	I	E	S
Q	G	S	O	I	I	G	F	L	F	U	D
L	U	R	J	C	V	F	H	A	T	O	J
S	M	A	R	T	X	W	Y	T	B	Y	F

AH	ASSESS	COLOR
CONSENSUS	GHOST	HEIGHT
HELL	JEWISH	LIMIT
MUSIC	QUALIFY	SCHEME
SERIES	SMART	WEEKEND

Puzzle #21

A	Y	T	G	X	B	C	K	F	P	U	B
Y	D	S	T	A	Y	E	C	L	P	J	Z
M	J	T	U	D	E	V	O	L	V	E	E
Q	J	N	K	R	B	R	N	A	C	X	V
Q	S	Z	V	I	P	C	T	W	U	P	R
I	B	X	G	L	E	R	A	N	X	E	J
I	F	B	A	O	E	I	I	E	T	C	D
H	U	N	Y	S	R	M	N	S	W	T	T
G	E	N	E	E	J	I	E	J	I	A	U
Q	L	O	U	T	K	N	R	B	C	N	X
O	U	L	T	I	M	A	T	E	E	D	G
F	R	I	E	N	D	L	Y	M	B	F	W

CONTAINER
EXPECT
GAY
PEER
SURPRISING

CRIMINAL
FRIENDLY
LAWN
PLANE
TWICE

EVOLVE
FUEL
LOSE
STAY
ULTIMATE

Puzzle #22

S	O	L	V	E	T	H	I	C	S	B	X
X	B	C	C	X	S	N	J	D	P	F	L
S	I	O	O	P	A	R	K	R	U	R	G
R	W	I	N	A	D	C	R	I	V	E	R
R	K	B	S	N	C	G	N	V	W	F	M
I	M	M	E	D	I	A	T	E	L	Y	R
S	O	Y	Q	I	G	N	O	R	E	T	H
E	U	T	U	Z	A	P	G	J	S	X	S
J	T	S	E	N	T	E	N	C	E	E	F
J	H	H	N	E	Y	X	Y	V	Z	S	B
P	O	X	C	E	N	T	U	R	Y	B	Y
I	C	H	E	E	S	E	C	U	Z	J	T

CENTURY
CHEESE
CONSEQUENCE
DRIVER
ETHICS
EXPAND
IGNORE
IMMEDIATELY
MOUTH
MY
PARK
RISE
RIVER
SENTENCE
SOLVE

Puzzle #23

B	B	C	Z	R	S	X	L	Z	J	D	J
W	P	M	S	L	G	C	V	Q	K	E	G
X	C	I	I	N	C	A	D	E	K	I	N
I	U	N	N	R	H	E	T	A	L	L	W
C	R	I	T	E	R	I	A	H	N	Z	O
P	I	S	E	M	I	Z	A	X	E	H	T
K	O	T	N	F	S	S	Z	F	I	R	S
X	U	E	S	S	T	Y	L	E	G	T	X
E	S	R	E	W	M	D	N	Y	H	C	U
E	V	A	L	U	A	T	E	P	B	D	V
Z	C	N	S	R	S	V	T	P	O	Z	M
J	M	Y	K	O	Q	N	E	A	R	H	O

ANY
CHRISTMAS
CRITERIA
CURIOUS
DARK
EVALUATE
GATHER
INTENSE
MINISTER
NEAR
NEIGHBOR
PM
STYLE
TALL
WAVE

Puzzle #24

R	P	E	R	M	A	N	E	N	T	X	G
U	T	M	S	S	W	P	Q	S	O	J	D
B	R	F	H	T	J	W	K	P	O	O	R
F	E	S	E	V	I	X	M	I	I	C	R
V	L	O	H	Q	Y	M	S	R	U	K	Z
S	I	M	P	L	E	M	A	I	I	T	F
K	E	E	O	B	J	E	C	T	I	V	E
M	F	H	W	F	S	I	F	U	E	F	L
V	S	O	R	I	G	I	N	A	L	W	L
B	A	W	E	B	U	E	K	L	N	J	O
Q	D	R	D	E	Y	N	H	T	U	D	W
F	D	T	E	R	K	H	Y	A	P	T	V

A
FELLOW
OBJECTIVE
POOR
SIMPLE

AND
FIBER
ORIGINAL
RED
SOMEHOW

ESTIMATE
GUY
PERMANENT
RELIEF
SPIRITUAL

Puzzle #25

S	I	T	P	U	D	E	E	P	B	E	P
U	Y	O	M	E	R	E	L	Y	D	X	O
C	J	I	H	O	L	I	D	A	Y	P	M
B	L	Q	B	O	N	A	H	G	Y	E	V
S	J	F	W	U	R	E	S	P	O	N	D
F	W	A	M	O	L	O	Y	B	H	S	D
G	V	B	U	P	V	W	N	B	F	E	D
A	E	N	T	F	I	N	A	N	C	E	A
R	D	R	T	S	J	E	T	Y	P	B	N
L	V	N	E	J	T	K	I	N	D	Q	K
I	Q	Q	I	T	B	P	V	T	J	Y	D
C	O	N	D	U	C	T	E	L	C	X	D

AROUND
FINANCE
HOLIDAY
MONEY
PIE
CONDUCT
GARLIC
LOW
NATIVE
RESPOND
EXPENSE
HELP
MERELY
NUMBER
WISE

Puzzle #26

E	H	B	M	H	P	G	V	J	C	B	R
Z	W	H	P	D	I	P	A	I	E	F	W
A	M	E	Q	W	O	W	N	X	O	O	D
U	D	R	H	R	D	S	C	R	L	V	M
V	F	O	L	O	U	E	M	N	F	Y	M
A	L	Q	P	R	P	A	B	M	A	U	A
H	N	G	A	T	T	R	A	C	T	E	R
R	M	N	I	I	O	L	S	L	G	V	R
C	C	O	O	T	E	K	U	H	O	E	I
E	N	N	H	W	A	I	T	E	A	N	A
S	W	E	E	T	R	W	F	P	Q	D	G
M	R	Q	A	A	N	S	A	M	P	L	E

ADOPT	ALONG	ATTRACT
BROTHER	EARN	EVEN
EXCEPTION	FORMATION	INSURANCE
MALE	MARRIAGE	SAMPLE
SHADE	SWEET	WAIT

Puzzle #27

W	U	L	U	T	P	T	E	R	M	S	L
P	T	B	J	Q	R	H	F	F	I	Z	E
O	F	S	A	J	R	E	J	Q	P	W	K
S	Y	O	U	I	P	R	U	C	M	U	C
S	S	K	M	S	E	A	M	F	N	X	Z
I	Q	S	U	H	S	P	A	U	Z	C	S
B	K	N	H	O	T	Y	I	N	O	O	W
I	N	S	T	A	L	L	N	N	G	L	O
L	O	S	S	Q	K	S	C	Y	E	L	V
I	G	A	C	A	D	E	M	I	C	E	B
T	C	H	A	I	R	M	A	N	K	C	R
Y	F	D	I	N	E	A	R	B	Y	T	H

ACADEMIC
CHAIRMAN
COLLECT
CONCERN
FUNNY
HOT
INSTALL
LOSS
MAIN
NEARBY
PINE
POSSIBILITY
SHAKE
TERMS
THERAPY

Puzzle #28

A	Q	A	E	P	V	O	P	K	D	F	G
B	O	Y	F	M	A	S	S	P	I	W	A
Q	R	W	A	W	S	A	T	C	F	U	H
I	G	E	S	W	O	D	E	R	F	L	S
T	S	I	H	P	U	R	S	U	E	B	W
Q	L	O	T	A	M	I	I	G	R	E	I
N	W	V	D	H	T	V	X	E	E	W	T
B	N	Z	N	A	M	E	F	S	N	N	C
M	E	K	F	L	I	G	H	T	T	N	H
G	E	G	F	L	A	M	E	U	L	K	Y
A	C	Y	G	V	V	R	K	R	Y	B	K
K	I	O	V	G	B	U	Y	E	R	B	B

BUYER
FLAME
HALL
NAME
STREET

DIFFERENTLY
FLIGHT
HATE
OR
SWITCH

DRIVE
GESTURE
MASS
PURSUE
WHO

Puzzle #29

A	S	U	R	R	O	U	N	D	R	A	P
P	I	L	W	T	Z	Z	R	E	E	G	F
M	M	G	E	G	J	E	G	C	A	Z	L
G	P	O	K	S	A	I	A	L	D	U	P
A	K	R	R	M	S	T	T	A	I	B	Z
U	K	I	O	T	K	O	R	R	D	Y	M
V	N	I	E	V	G	D	N	E	E	B	C
G	R	R	Z	H	E	A	V	E	N	S	Q
C	L	Z	A	P	K	C	G	H	T	E	Z
U	L	B	T	T	A	I	R	E	I	C	O
F	I	H	O	P	W	D	Z	R	T	L	C
T	H	I	W	F	K	U	H	D	Y	C	P

ACID
DREAM
IDENTITY
OK
REGISTER
DECLARE
HABIT
LESSON
PROVE
RING
DEPTH
HEAVEN
MORTGAGE
READ
SURROUND

Puzzle #30

S	Z	W	F	K	U	E	R	B	W	I	M
P	R	J	G	I	R	N	Y	I	H	O	E
F	E	A	T	U	R	E	L	C	N	Z	A
X	L	G	I	I	U	R	A	E	P	Z	D
H	K	A	I	C	G	U	D	S	S	T	R
G	N	I	P	A	L	M	F	E	P	S	K
O	D	N	A	E	B	T	S	N	A	T	C
I	R	S	N	V	A	R	Y	A	C	S	W
H	T	T	T	H	R	E	A	T	E	N	G
F	R	M	D	F	R	A	V	O	J	O	F
Y	T	H	O	S	E	F	F	R	A	W	P
K	A	F	B	E	L	T	K	L	D	S	M

AGAINST
ENTRY
NOW
SENATOR
THREATEN

BARREL
FEATURE
PALM
SPACE
UNLESS

BELT
GOAL
PANT
THOSE
VARY

Puzzle #31

Q	N	F	O	U	N	D	A	T	I	O	N
C	C	I	T	Y	F	S	Q	H	A	A	O
K	O	O	H	K	H	W	D	F	T	K	N
N	P	M	M	J	V	E	Q	O	L	D	E
B	O	L	B	P	E	A	U	R	G	O	T
A	S	J	H	I	L	R	X	M	C	R	H
S	I	L	A	D	N	I	U	E	Y	L	E
S	T	I	C	A	Q	E	C	R	Q	J	L
A	I	I	M	P	O	R	T	A	N	C	E
U	O	E	S	X	T	L	R	J	T	J	S
L	N	E	F	F	E	C	T	I	V	E	S
T	O	N	T	S	W	V	D	J	D	W	D

ASSAULT
CITY
COMBINE
COMPLICATED
DOG
EFFECTIVE
FORMER
FOUNDATION
GO
IMPORTANCE
JEW
NONETHELESS
POSITION
SWEAR
TOURNAMENT

Puzzle #32

O	V	M	R	S	M	N	V	N	A	S	M
T	Q	C	O	N	C	R	E	T	E	T	A
R	G	C	G	Q	R	S	H	G	V	E	N
V	D	A	L	K	P	L	H	E	O	Y	A
V	D	B	W	W	E	R	I	S	C	T	G
G	F	I	F	T	E	E	N	A	M	H	E
N	L	N	E	P	L	A	T	F	O	R	M
V	X	D	Q	R	B	L	H	E	R	E	E
N	J	X	U	I	X	I	A	T	N	A	N
O	L	H	N	S	Q	T	N	Y	I	T	T
I	A	D	Y	O	T	Y	V	Y	N	Q	D
P	A	R	E	N	T	F	L	N	G	S	K

ATHLETE
BIND
CABIN
CONCRETE
DUST
FIFTEEN
MANAGEMENT
MORNING
PARENT
PLATFORM
PRISON
REALITY
SAFETY
THAN
THREAT

Puzzle #33

K	L	G	W	N	Z	W	P	K	O	J	C
T	A	W	W	S	W	U	R	Z	A	Y	J
M	N	S	I	H	J	B	W	X	Y	Z	Y
K	D	G	X	D	V	N	F	Y	G	M	U
K	S	C	L	A	S	S	R	O	O	M	R
I	C	U	U	I	U	E	X	E	G	A	S
O	A	N	S	T	M	H	Q	C	A	D	L
Y	P	U	T	E	R	R	O	R	I	S	M
L	E	I	M	L	F	R	U	L	N	T	O
X	Y	B	Y	S	E	U	T	W	Y	A	R
W	E	A	P	O	N	R	L	V	Q	F	A
R	E	I	P	V	X	O	C	V	Z	F	L

CLASSROOM	CORE	CUT
GAIN	GAS	HOLY
LANDSCAPE	MORAL	OUT
REMEMBER	STAFF	SUE
TERRORISM	USEFUL	WEAPON

Puzzle #34

E	W	N	P	R	O	F	E	S	S	O	R
J	F	F	H	M	W	X	F	L	I	K	E
C	U	O	C	C	R	T	F	E	V	I	T
A	P	P	R	O	A	C	H	G	J	C	A
T	A	E	S	P	W	S	R	E	D	K	I
H	R	R	I	D	I	O	A	N	R	B	N
O	K	A	D	Y	U	L	R	D	Q	E	G
L	I	T	S	N	L	V	O	R	F	S	W
I	N	O	D	Y	R	C	F	T	Y	M	Q
C	G	R	T	M	I	U	U	L	C	Z	J
I	E	Y	E	K	H	I	V	P	D	V	A
G	P	K	J	W	U	S	Q	E	Q	X	E

ALLY
GROUND
LIKE
PILOT
SAD

APPROACH
KICK
OPERATOR
PROFESSOR
THERE

CATHOLIC
LEGEND
PARKING
RETAIN
WORRY

Puzzle #35

G	R	K	P	H	L	I	Z	V	G	C	K
T	A	E	D	R	E	A	L	I	Z	E	V
M	G	M	S	B	A	O	Q	D	A	Z	T
J	Q	T	N	A	A	C	X	E	O	Q	E
O	T	R	U	W	Z	W	T	P	S	B	L
K	I	O	U	U	A	G	A	I	N	H	E
U	I	B	I	B	L	E	W	C	C	S	S
Q	D	E	S	P	E	R	A	T	E	E	C
Q	O	G	A	I	I	H	O	N	E	Y	O
Z	Z	I	M	N	I	H	I	T	R	B	P
O	E	N	D	K	B	O	R	A	N	G	E
J	N	C	Q	R	R	E	S	O	L	V	E

AGAIN
BEGIN
BIBLE
DEPICT
DESPERATE
DOZEN
HIT
HONEY
ORANGE
PINK
PRACTICE
REALIZE
RESOLVE
SENIOR
TELESCOPE

Puzzle #36

P	Z	D	G	Z	R	W	V	E	V	L	H
I	M	N	N	N	C	L	A	S	S	I	C
P	O	W	E	R	A	O	C	T	E	Y	U
S	Q	E	A	B	X	C	R	E	R	P	L
P	Y	C	E	N	O	A	C	A	I	H	T
A	K	L	K	M	C	L	L	L	O	F	U
C	V	R	M	T	I	I	C	N	U	Y	R
N	E	E	U	M	V	V	E	Y	S	S	E
M	N	A	A	E	P	S	I	A	L	N	E
T	L	T	S	B	T	G	Z	G	Y	Z	V
R	E	S	P	O	N	S	E	I	Q	P	A
Q	W	H	W	S	Y	K	J	N	Y	E	B

ACTUAL
ALIVE
CLASSIC
CLIMATE
COMMENT
CRACK
CULTURE
HONEST
LABEL
LOCAL
POWER
RESPONSE
SERIOUSLY
STEAL
USE

Puzzle #37

Y	B	E	P	V	I	P	O	H	J	G	Z
G	Y	L	X	F	S	M	F	S	Y	X	I
O	T	H	Z	H	S	Y	F	I	M	T	S
S	A	B	O	O	I	E	I	T	S	R	P
L	C	C	E	H	I	B	C	U	N	A	K
C	K	E	T	T	G	X	I	A	I	N	K
C	I	H	H	R	W	H	A	T	H	S	W
G	E	E	A	Y	E	E	L	I	I	F	G
K	R	S	P	P	L	S	E	O	Z	O	X
M	S	A	Z	J	O	W	S	N	D	R	N
X	R	U	N	N	I	N	G	C	S	M	Z
P	A	I	N	T	U	N	N	E	L	W	R

ACTRESS
EXHIBITION
GRASS
RUNNING
THE

BETWEEN
GOD
OFFICIAL
SHOCK
TRANSFORM

EITHER
GRANT
PAINT
SITUATION
TUNNEL

Puzzle #38

Q	Z	J	X	K	J	L	Q	L	L	W	W
O	G	I	S	J	I	K	E	Z	J	C	R
P	A	S	T	W	H	O	P	J	B	C	B
G	L	B	K	F	B	R	I	D	G	E	X
P	B	A	Z	O	E	N	B	U	T	R	X
I	T	Z	Y	V	V	M	S	B	A	E	C
S	K	A	I	E	C	E	A	X	C	M	G
U	Z	O	S	G	D	L	L	T	T	O	N
A	U	T	K	H	U	R	A	T	I	N	G
S	O	K	B	R	L	S	R	T	C	Y	Q
R	K	F	H	V	T	Z	Y	X	E	R	N
U	N	I	V	E	R	S	A	L	C	R	A

BOY
BRIDGE
CEREMONY
INVESTOR
LATER
ON
PAST
PLAY
PREVIOUS
RATING
SALARY
TACTIC
TASTE
UNIVERSAL
USED

Puzzle #39

C	I	N	T	E	R	N	A	L	K	V	K
I	N	C	I	D	E	N	T	L	G	X	R
V	F	I	N	A	N	C	I	A	L	H	V
L	O	O	B	N	Z	B	X	O	A	S	U
I	R	G	Y	Y	P	F	C	L	D	C	X
K	M	R	I	U	T	O	B	A	C	C	O
Z	A	W	S	S	N	I	U	N	J	C	D
F	T	H	U	S	G	I	E	R	R	O	R
F	I	A	T	N	E	A	M	R	B	I	U
A	O	A	P	H	R	A	N	G	R	Y	H
V	N	F	B	L	I	G	T	W	W	Q	A
T	F	M	Y	L	V	S	T	S	D	R	P

ANGRY
FINANCIAL
INCIDENT
MAIL
PUSH

CONSTANT
GLAD
INFORMATION
NEARLY
SEAT

ERROR
HIS
INTERNAL
POUR
TOBACCO

Puzzle #40

N	V	V	P	I	T	C	H	X	J	P	W
N	Z	M	U	S	L	I	M	E	D	A	A
S	D	I	B	A	Y	T	I	M	E	S	R
K	D	K	L	E	R	O	C	I	J	I	C
H	M	M	I	C	H	T	C	O	U	C	H
E	B	C	S	U	O	A	I	R	Y	N	I
A	D	G	H	X	Z	L	V	D	E	J	T
D	G	P	H	A	G	L	L	I	Y	W	E
L	I	B	R	A	R	Y	P	A	O	T	C
I	A	G	L	L	S	H	D	P	P	R	T
N	N	E	X	C	R	Q	R	I	C	S	O
E	T	Y	R	E	F	E	R	E	N	C	E

AIR	ARCHITECT	BEHAVIOR
COLLAPSE	COUCH	CREW
GIANT	HEADLINE	LIBRARY
MUSLIM	PITCH	PUBLISH
REFERENCE	TIME	TOTALLY

Puzzle #41

F	O	A	Y	S	O	E	K	S	W	K	T
F	L	E	E	M	B	Y	Z	I	C	K	R
E	N	O	R	M	O	U	S	Z	Y	I	G
Z	P	L	T	W	O	N	K	B	C	H	Z
L	L	R	H	S	H	I	F	T	M	Z	D
H	V	G	C	R	E	A	T	U	R	E	L
T	O	M	A	T	O	U	T	H	E	M	E
T	I	W	W	P	E	R	F	E	C	T	C
X	A	Z	V	L	Y	G	C	X	V	Z	S
Y	K	U	P	X	I	E	G	M	X	E	M
R	E	S	P	O	N	S	I	B	L	E	R
N	V	E	C	B	M	I	L	L	I	O	N

AWAY
FLEE
MILLION
SELL
TOMATO

CREATURE
GAP
PERFECT
SHIFT
URGE

ENORMOUS
LOTS
RESPONSIBLE
THEME
WHATEVER

Puzzle #42

T	F	E	X	K	R	A	T	I	O	R	V
C	X	A	Z	M	F	Z	R	H	P	E	X
R	H	W	C	R	J	H	A	R	D	L	V
P	U	N	I	O	Z	D	O	J	I	E	N
E	H	C	G	J	V	C	P	S	W	V	Q
H	A	V	A	A	E	C	P	S	Y	A	E
N	D	I	N	D	T	S	O	B	J	N	E
M	D	C	U	N	V	I	S	U	Q	T	N
E	E	R	O	F	L	I	E	T	K	S	R
H	E	U	Q	I	Q	G	S	T	A	L	K
Q	W	M	J	W	H	O	L	E	H	O	C
Y	I	E	Z	I	F	E	K	R	R	W	E

ADVANCE
ADVISER
AFRICAN
AIDE
ARRIVE
BUTTER
HARD
OPPOSE
PROCEDURE
RATIO
RELEVANT
SLOW
SOIL
TALK
WHOLE

Puzzle #43

M	E	S	J	V	A	Q	H	A	U	E	F
D	L	J	P	L	S	L	C	S	E	E	M
L	E	S	T	D	I	R	T	Y	L	I	R
R	C	D	I	H	O	R	A	K	U	N	L
X	T	J	B	S	A	Y	B	D	Y	I	D
R	R	U	S	T	V	E	L	E	C	T	H
H	O	D	E	O	B	L	E	A	O	I	I
M	N	G	Q	Y	N	L	L	C	U	A	T
Z	I	M	F	D	H	L	C	C	N	L	J
C	C	E	D	W	Z	M	Y	E	T	F	T
F	U	N	D	I	N	G	U	P	T	N	A
L	Q	T	T	I	Y	N	I	T	Q	Y	U

ACCEPT	ACROSS	CALL
COUNT	DIRTY	ELECT
ELECTRONIC	FUNDING	INITIAL
JUDGMENT	ONLY	SEEM
STRATEGIC	TABLE	YELL

Puzzle #44

E	K	I	U	G	B	W	U	N	P	F	A
R	Y	Z	M	F	Z	J	S	H	O	P	D
Q	Q	R	O	M	W	G	B	A	L	S	O
X	C	O	O	P	E	R	A	T	I	O	N
M	P	W	X	M	I	N	O	R	T	U	O
E	D	I	S	A	G	R	E	E	I	S	S
D	I	O	P	R	E	S	E	N	C	E	E
L	S	L	H	R	V	I	R	U	S	E	L
E	H	U	O	Y	D	V	Q	U	T	S	V
C	R	I	N	T	E	R	E	S	T	E	D
T	W	B	E	L	O	N	G	B	J	D	F
E	C	U	K	U	M	R	D	L	Z	V	I

ALSO
BELONG
COOPERATION
DISAGREE
DISH
HURT
INTERESTED
MARRY
MINOR
NOSE
PHONE
POLITICS
PRESENCE
SHOP
VIRUS

Puzzle #45

E	I	O	K	C	C	R	I	S	I	S	K
F	M	A	S	S	I	V	E	T	E	D	I
G	R	Z	E	W	P	V	B	X	Q	A	M
R	X	V	E	B	E	I	I	Y	T	M	T
W	Y	U	A	R	L	S	O	S	N	X	G
K	Q	G	A	L	T	F	L	S	O	U	P
A	J	L	G	I	O	R	O	C	K	S	K
U	A	G	N	D	O	L	G	R	F	D	R
A	P	G	N	E	D	T	I	T	G	J	N
Z	L	V	A	I	W	R	C	S	O	E	E
L	L	L	E	B	J	T	A	L	E	C	T
C	A	R	E	F	U	L	L	R	F	N	N

BILL
CRISIS
MASSIVE
SEA
SOUP

BIOLOGICAL
EXISTING
NEW
SEVERAL
TALE

CAREFUL
FORGET
ROCK
SOLDIER
TOO

Puzzle #46

B	V	G	M	U	H	N	E	P	B	D	G
X	O	O	P	H	J	X	O	S	Z	S	P
O	L	S	Z	X	U	A	B	Y	P	W	Z
V	U	Q	L	M	O	U	N	T	A	X	A
E	M	F	O	R	T	H	C	S	V	T	P
R	E	S	P	E	C	I	A	L	L	Y	P
C	T	F	T	H	I	R	D	B	W	E	A
O	G	I	F	U	O	W	T	N	W	F	R
M	R	U	L	I	D	I	V	I	D	E	E
E	J	T	A	B	L	E	S	P	O	O	N
Z	U	N	X	G	K	L	N	O	T	E	T
R	I	N	T	E	R	A	C	T	I	O	N

APPARENT
FILL
MOST
OVERCOME
THIRD
DIVIDE
FORTH
MOUNT
STUDENT
TIRE
ESPECIALLY
INTERACTION
NOTE
TABLESPOON
VOLUME

Puzzle #47

E	P	G	I	W	O	H	P	H	E	T	Q
W	K	D	S	T	W	S	Y	D	K	Q	S
J	T	Y	D	F	O	U	N	D	E	R	M
Q	C	G	E	R	P	J	A	C	K	E	T
B	G	F	P	O	D	C	O	O	K	I	E
K	P	K	E	M	Y	N	B	N	V	N	W
R	L	C	N	E	O	N	F	E	I	D	R
T	O	O	D	M	O	O	N	C	N	I	T
W	J	U	I	L	A	Y	E	D	P	C	B
T	F	S	N	N	P	D	U	D	I	A	H
N	T	I	G	S	U	B	J	E	C	T	Q
G	E	N	E	R	A	T	E	L	K	E	Q

BENCH	COOKIE	COUSIN
DEPENDING	ECONOMIST	FOUNDER
FROM	GENERATE	INDICATE
JACKET	MAD	MOON
NICE	PICK	SUBJECT

Puzzle #48

E	X	P	E	N	S	I	V	E	M	B	N
N	Q	I	N	C	E	N	T	I	V	E	E
R	I	C	X	S	F	S	Y	Q	U	X	W
N	R	O	A	E	U	I	F	S	P	T	S
O	M	N	F	K	R	D	C	L	J	C	P
T	L	V	F	O	I	E	A	U	P	D	A
X	G	E	A	S	N	N	S	O	F	T	P
N	N	N	I	A	A	T	I	P	S	J	E
S	B	T	R	T	M	L	H	W	E	O	R
B	D	I	I	Q	W	V	Y	A	U	C	L
E	O	O	R	C	R	T	P	K	N	O	T
Q	N	N	B	D	E	S	K	E	L	K	O

AFFAIR	BIRD	CONVENTION
DESK	EXPENSIVE	EXPLANATION
INCENTIVE	INSIDE	JUST
NEWSPAPER	RESPECT	SCENARIO
SOFT	THANK	WAKE

Puzzle #49

C	G	U	N	P	L	M	Y	U	Z	F	U
J	W	Z	R	G	Z	D	M	W	F	U	B
R	H	U	T	H	E	R	E	F	O	R	E
D	E	S	T	R	U	C	T	I	O	N	G
Q	R	L	Z	B	R	Y	S	Z	T	I	I
P	E	Z	A	V	O	I	D	P	H	T	N
I	P	C	T	T	B	F	G	O	E	U	N
T	A	R	U	P	I	K	A	T	R	R	I
R	G	A	A	S	X	V	T	D	Q	E	N
S	Y	Z	H	Y	T	M	E	G	E	T	G
O	U	Y	A	I	E	O	P	L	A	N	T
G	U	Q	L	B	A	R	M	T	Y	O	H

AVOID
CRAZY
FADE
OTHER
RELATIVELY
BEGINNING
CUSTOM
FISH
PLANT
THEREFORE
CAR
DESTRUCTION
FURNITURE
PRAYER
WHERE

Puzzle #50

K	L	N	A	T	I	O	N	A	L	H	N
O	L	I	F	L	U	M	R	G	I	I	J
S	V	T	O	D	M	T	S	E	V	E	N
B	X	A	U	R	I	M	D	R	F	Q	E
O	N	N	R	S	N	W	H	L	S	Z	C
V	M	Q	T	F	O	R	W	A	R	D	E
L	D	I	H	S	R	G	S	C	G	W	S
O	C	A	P	P	I	K	U	B	T	T	S
F	N	T	E	S	T	I	N	G	A	A	A
F	L	T	W	B	Y	H	I	R	F	L	R
X	E	O	L	U	I	L	A	E	O	E	Y
Y	K	U	C	X	X	F	U	T	L	H	K

AGE
FORWARD
LOAN
NECESSARY
STAR
ARTISTIC
FOURTH
MINORITY
SAFE
TESTING
CAP
I
NATIONAL
SEVEN
THAT

Puzzle #51

C	H	T	E	A	S	A	P	D	R	S	O
W	C	D	L	N	C	J	R	I	E	B	T
I	O	O	E	L	H	P	I	V	D	X	S
D	N	W	M	S	O	M	E	I	U	E	M
E	F	N	E	M	L	G	S	S	C	T	A
F	I	T	N	S	A	T	T	I	E	Z	R
E	R	O	T	H	R	N	G	O	U	Y	K
N	M	W	A	I	S	R	D	N	W	Y	E
S	F	N	B	R	H	Y	E	E	X	F	T
I	R	U	S	T	I	Q	X	R	R	F	I
V	T	Y	X	X	P	O	R	T	I	O	N
E	A	R	N	I	N	O	T	H	I	N	G

COMMANDER
DISTRIBUTE
EAR
NOTHING
REDUCE

CONFIRM
DIVISION
ELEMENT
PORTION
SCHOLARSHIP

DEFENSIVE
DOWNTOWN
MARKETING
PRIEST
SHIRT

Puzzle #52

E	W	F	Z	H	O	T	C	F	P	R	C
S	A	P	S	R	M	E	L	D	K	X	N
B	C	H	R	I	S	T	I	A	N	R	V
E	T	H	S	E	H	G	W	Y	I	C	M
N	I	N	V	I	T	E	R	E	A	C	T
E	V	O	S	T	B	R	O	W	N	Z	E
F	I	R	S	T	M	M	O	L	I	B	N
I	T	S	I	N	G	L	E	B	M	C	T
T	Y	I	S	A	D	E	Q	U	A	T	E
B	S	O	Q	U	D	X	E	S	L	N	F
Z	C	O	N	F	E	R	E	N	C	E	D
S	Z	L	O	I	Y	E	Z	B	R	F	V

ACTIVITY
ADEQUATE
ANIMAL
BAND
BENEFIT
BROWN
CASE
CHRISTIAN
CONFERENCE
FIRST
INVITE
ISSUE
REACT
SINGLE
TENT

Puzzle #53

P	A	P	A	O	T	V	F	A	J	A	F
B	D	F	M	P	R	C	J	B	I	L	B
I	E	B	B	L	J	D	M	N	J	P	Q
O	K	A	S	S	O	C	I	A	T	E	A
N	F	E	R	L	N	T	F	N	A	K	V
B	X	H	Y	M	I	F	L	E	A	Q	M
K	Y	K	A	A	E	U	E	N	C	R	Z
I	X	S	L	E	F	D	P	A	O	S	Y
L	K	L	L	J	C	R	T	A	R	J	O
I	Y	I	A	I	I	G	A	U	R	Y	L
T	N	Z	K	D	N	U	A	M	R	T	B
G	G	R	E	E	N	K	Z	J	E	A	Y

ARMED
FEELING
INITIALLY
MASK
PRIDE

ASSOCIATE
FRAME
LAKE
ORDINARY
SEX

FEAR
GREEN
LINK
PARTY
UP

Puzzle #54

Q	U	Q	U	N	I	O	N	I	D	J	L
S	C	A	R	E	D	S	J	Z	I	O	Y
L	H	Q	A	V	Y	S	F	P	S	S	L
S	F	O	M	E	T	C	H	D	C	W	A
W	X	L	P	R	C	E	R	L	O	P	J
T	Z	A	E	P	R	V	H	V	U	Y	D
R	G	T	Z	S	I	G	M	H	R	U	I
E	C	E	E	F	H	N	G	S	S	D	N
H	N	L	Z	C	S	E	G	M	E	N	T
X	F	D	G	S	C	I	E	N	C	E	O
P	C	A	X	X	Q	L	A	Y	I	O	U
Y	O	H	W	D	B	I	R	T	H	Z	I

BIRTH	DISCOURSE	FLESH
GEAR	HERSELF	INTO
LAY	NEVER	PAGE
SCARED	SCIENCE	SEGMENT
SHOPPING	STRETCH	UNION

Puzzle #55

T	X	L	A	M	J	C	P	P	A	K	T
T	Z	L	I	A	M	B	V	R	H	H	Y
D	E	P	U	T	Y	N	I	O	C	S	B
W	I	E	X	C	T	T	Q	L	A	V	T
S	K	T	A	H	L	L	H	M	N	X	E
H	Q	F	K	H	T	W	E	N	T	Y	Y
Z	E	P	T	H	F	A	R	M	E	R	O
L	A	R	I	S	F	A	I	R	L	Y	U
A	Q	N	E	X	C	I	T	I	N	G	N
S	G	H	G	A	C	H	A	P	T	E	R
A	M	X	Y	E	S	A	G	A	N	G	E
E	B	P	C	I	R	R	E	S	T	X	H

ANGER
EXCITING
GANG
MATCH
SAME

CHAPTER
FAIRLY
HERITAGE
PET
THING

DEPUTY
FARMER
LITTLE
REST
TWENTY

Puzzle #56

S	U	A	V	G	B	F	S	G	O	V	D
I	T	J	K	L	R	T	Y	T	H	G	W
U	B	R	O	K	E	N	S	C	A	L	E
V	C	P	E	A	D	C	G	R	N	K	B
E	C	S	M	M	R	H	A	X	X	L	E
F	U	A	E	U	O	G	V	E	I	R	X
W	M	X	C	X	E	V	X	F	E	E	L
Z	L	I	Y	O	J	K	E	V	T	G	E
V	A	S	Y	O	R	G	E	V	Y	A	A
L	O	N	G	I	G	N	B	Z	Y	R	D
Z	U	A	N	D	U	L	T	W	I	D	E
S	S	C	W	E	A	T	H	E	R	H	R

ANXIETY	BROKEN	CORN
CRUCIAL	GARAGE	LEADER
LIFE	LONG	REGARD
REMOVE	REVENUE	SCALE
STAKE	WEATHER	WIDE

Puzzle #57

E	S	T	S	R	A	P	I	D	L	Y	F
M	U	O	X	F	C	O	M	P	O	S	E
B	C	S	O	U	R	C	E	C	C	U	O
R	O	K	S	T	E	E	R	P	A	U	H
E	N	I	E	I	S	X	E	I	T	Y	R
Y	S	P	K	L	I	B	P	C	E	Z	S
J	U	J	A	I	S	V	O	R	X	D	M
F	L	S	B	T	T	M	V	R	E	O	Z
C	T	Z	L	Y	E	D	Z	I	N	S	X
U	A	F	E	M	P	H	A	S	I	S	S
I	N	F	O	R	M	K	A	U	J	H	K
D	T	H	G	W	B	B	G	R	T	N	L

ABLE
EMPHASIS
LAST
OUTCOME
SKI
COMPOSE
EXPRESS
LOCATE
RAPIDLY
SOURCE
CONSULTANT
INFORM
MERE
RESIST
UTILITY

Puzzle #58

L	Z	R	Z	G	S	S	I	H	N	Y	P
R	E	P	U	T	A	T	I	O	N	Z	R
W	O	R	R	I	E	D	Q	R	Q	H	O
O	S	O	E	R	R	V	R	Z	V	P	P
S	K	E	X	P	E	R	I	E	N	C	E
E	D	Z	X	K	E	V	B	E	L	A	R
T	C	R	W	X	X	A	E	E	W	K	L
T	V	V	F	G	N	N	T	A	A	E	Y
I	S	J	N	C	Z	E	H	E	L	C	L
N	F	U	G	B	A	R	B	R	D	X	H
G	J	P	J	C	O	L	U	M	N	L	V
Q	W	U	H	B	T	K	L	F	R	S	Y

BAN	BAR	BEACH
CAKE	COLUMN	EXPERIENCE
PROPERLY	REPEATEDLY	REPUTATION
REVEAL	SETTING	STROKE
TEACH	VIEW	WORRIED

Puzzle #59

T	Y	B	U	Y	R	Y	Q	J	Y	W	M
G	O	J	H	E	A	J	J	I	L	N	M
J	C	W	C	A	H	I	Y	R	W	J	V
I	N	S	T	R	U	C	T	O	R	Y	U
S	K	P	E	R	F	O	R	M	R	A	L
Y	S	P	E	C	I	E	S	Q	I	T	N
D	G	U	N	H	B	O	T	T	O	M	E
N	N	V	A	O	A	M	Q	W	E	A	R
K	X	U	G	C	A	P	A	B	L	E	A
H	O	W	E	V	E	R	P	K	F	I	B
S	O	N	R	T	D	O	O	E	E	Y	L
M	U	P	A	S	S	A	G	E	N	F	E

BOTTOM	CAPABLE	GUN
HAPPEN	HOWEVER	INSTRUCTOR
MAKE	PASSAGE	PERFORM
SKY	SPECIES	TEENAGER
TOWARDS	VULNERABLE	WEAR

Puzzle #60

P	N	P	R	I	M	E	B	G	U	P	T
R	Q	K	R	T	T	Q	F	Z	R	J	G
F	D	X	J	O	Y	E	F	M	E	B	O
R	J	C	H	Z	D	J	B	E	O	E	U
X	I	D	I	S	P	U	T	E	N	L	D
Z	Z	F	P	T	I	I	C	T	C	I	G
A	W	O	Z	L	I	C	J	T	F	E	D
L	A	A	D	F	A	I	L	D	N	V	D
O	R	I	N	D	E	T	R	I	B	E	B
S	N	I	F	T	W	H	E	T	H	E	R
G	J	S	C	H	O	O	L	L	X	Q	Q
D	W	Q	R	E	Q	U	E	S	T	E	V

BELIEVE
BUILDING
DISPUTE
FAIL
ODD
PLATE
PRIME
PRODUCT
REQUEST
RICE
SCHOOL
TRIBE
WANT
WARN
WHETHER

Puzzle #61

K	A	J	L	W	F	T	W	K	R	P	Y
P	U	N	Q	M	O	C	V	K	R	J	Y
O	R	H	Y	N	I	O	W	O	R	E	E
R	H	O	G	W	Z	S	D	H	Q	S	N
C	H	U	P	P	H	U	T	E	R	E	T
H	E	S	B	O	C	E	R	A	N	S	E
Z	S	E	T	E	R	Z	R	N	K	R	R
I	Q	L	R	R	T	T	D	E	G	E	P
L	S	Z	I	G	L	V	I	E	W	E	R
Z	N	B	B	P	J	C	L	O	U	D	I
W	L	E	N	G	T	H	D	V	N	P	S
E	N	C	O	U	N	T	E	R	Q	A	E

ANYWHERE
ENTERPRISE
MISTAKE
PROPORTION
TONGUE
CLOUD
HOUSE
PORCH
SLIP
VIEWER
ENCOUNTER
LENGTH
PRODUCER
TERRIBLE
WOODEN

Puzzle #62

I	G	F	B	U	E	Y	H	S	S	F	V
F	O	N	K	P	V	S	O	L	H	M	C
O	I	D	F	R	A	D	I	O	W	V	A
Q	S	C	I	E	N	T	I	F	I	C	L
W	Z	D	B	S	P	E	C	I	F	I	C
T	H	Q	K	I	D	P	G	O	Q	K	U
S	U	U	X	D	S	J	O	B	W	U	L
C	M	O	V	E	M	E	N	T	M	K	A
S	A	A	V	N	X	G	W	L	A	W	T
T	N	E	Y	T	T	I	T	H	A	T	E
K	N	I	W	C	J	S	S	R	O	D	O
T	H	R	O	A	T	Y	E	T	B	U	Y

AWARE
EXIST
KID
POTATO
SCIENTIFIC

CALCULATE
HUMAN
LADY
PRESIDENT
SPECIFIC

EVENT
JOB
MOVEMENT
RADIO
THROAT

Puzzle #63

G	N	C	U	P	O	S	S	I	B	L	Y
G	E	R	A	U	F	U	U	G	J	W	J
Z	R	I	Y	R	C	R	K	Q	B	H	P
P	V	T	H	C	A	S	T	M	B	L	U
C	E	I	L	H	V	O	J	L	W	K	T
W	F	C	B	A	S	I	C	A	L	L	Y
J	E	A	S	S	N	O	N	H	F	Q	V
B	U	L	L	E	T	Y	R	T	W	J	F
A	K	R	F	I	U	B	W	R	N	D	C
N	L	N	Y	A	V	R	R	A	Y	M	V
K	A	Y	B	L	R	E	W	F	Y	W	L
Y	R	S	U	C	C	E	E	D	Q	I	T

ANYWAY
BULLET
ERA
NERVE
SORRY
BANK
CAST
JURY
POSSIBLY
SUCCEED
BASICALLY
CRITICAL
LIVE
PURCHASE
WELFARE

Puzzle #64

F	N	P	Q	H	H	T	Q	G	P	M	U
D	Q	O	H	A	P	S	F	C	S	K	Y
B	E	W	N	F	E	K	R	W	T	C	D
F	P	D	K	E	I	B	E	C	R	Y	B
V	L	E	I	L	P	E	L	J	E	M	I
E	D	R	L	T	P	Y	Y	H	A	A	M
Q	C	I	L	M	I	L	X	O	M	I	B
G	N	O	E	B	A	O	A	U	S	A	K
G	J	C	R	U	T	E	N	S	I	O	N
T	K	U	G	P	V	S	I	I	T	V	O
P	T	H	W	O	J	L	Q	N	O	I	W
G	C	U	R	R	E	N	T	G	U	M	C

CURRENT
HOUSING
KNOW
PLASTIC
STREAM

EDITION
KILLER
LAUGH
POWDER
SWEEP

HANDLE
KILLING
MISSILE
RELY
TENSION

Puzzle #65

S	L	I	D	E	T	L	G	R	A	L	G
F	E	N	G	I	N	E	E	R	I	N	G
Q	M	N	E	W	L	Y	S	A	U	A	B
J	O	T	V	P	Y	B	B	T	G	N	Z
C	N	B	L	I	S	V	L	Y	I	U	R
O	P	L	A	L	R	E	A	D	Y	F	E
G	R	A	N	D	M	O	T	H	E	R	Y
S	O	M	D	E	K	C	N	D	X	X	C
R	M	E	G	P	A	C	K	M	G	T	I
O	I	X	X	E	R	H	E	B	E	Y	J
O	S	K	I	N	Q	I	Y	D	R	N	T
W	E	A	E	D	N	P	U	J	B	D	T

ALREADY
BLAME
CHIP
DEPEND
ENGINEERING
ENVIRONMENT
GRANDMOTHER
KEY
LEAGUE
LEMON
NEWLY
PACK
PROMISE
SLIDE
TESTIFY

Puzzle #66

W	T	Z	W	Q	M	R	F	E	O	H	A
R	A	S	X	A	U	V	A	B	O	U	T
I	I	C	R	E	F	E	R	S	P	P	D
T	E	G	O	T	T	N	R	A	P	I	D
I	I	R	E	W	U	X	S	H	O	R	T
N	E	I	T	H	E	R	E	A	S	T	G
G	H	A	I	R	L	I	N	E	I	P	B
N	D	I	S	A	B	I	L	I	T	Y	E
N	Y	T	D	T	G	F	H	X	I	O	Y
F	T	B	L	E	E	I	B	Z	O	F	H
G	Z	F	D	G	M	R	F	I	N	W	E
E	M	A	R	O	M	A	N	T	I	C	W

ABOUT
EAST
HIDE
OPPOSITION
ROMANTIC

AIRLINE
EASTERN
MARGIN
RAPID
SHORT

DISABILITY
GIFT
NEITHER
REFER
WRITING

Puzzle #67

T	F	M	I	R	E	E	J	N	G	V	M
J	T	Q	P	J	B	L	S	A	L	E	S
E	X	H	N	E	F	F	O	R	T	G	F
H	D	K	Z	Y	S	Y	P	R	C	E	E
D	E	F	I	N	I	T	I	O	N	T	I
I	M	U	U	E	F	J	P	W	Z	A	U
V	L	F	X	B	T	Y	O	T	A	B	C
Y	J	Z	H	F	X	F	O	O	T	L	I
P	P	G	V	O	L	U	N	T	E	E	R
U	R	B	O	T	T	L	E	W	V	R	C
H	A	N	D	F	U	L	W	I	N	G	L
I	Y	K	A	M	C	Y	X	N	M	H	E

BOTTLE
CIRCLE
COPY
DEFINITION
EFFORT
FOOT
FULLY
HANDFUL
NARROW
PRAY
SALES
TWIN
VEGETABLE
VOLUNTEER
WING

Puzzle #68

W	J	P	W	E	K	L	I	D	G	Z	F
L	M	D	L	Z	O	U	Y	R	A	E	D
W	E	V	D	F	U	G	L	P	W	G	J
B	G	I	A	F	F	E	D	E	R	A	L
Q	P	N	R	A	R	X	R	R	I	C	H
Y	M	T	E	L	E	V	I	S	I	O	N
I	A	E	V	L	A	M	T	O	T	R	S
P	Y	N	E	N	L	I	S	N	A	P	R
O	R	T	R	O	L	X	E	A	Q	C	M
N	X	I	Y	B	Y	Z	L	L	A	P	V
V	H	O	R	R	O	R	F	L	U	L	W
C	O	N	V	E	R	T	R	Y	J	V	O

CONVERT	DARE	EVERY
FALL	FEDERAL	FEWER
HORROR	INTENTION	ITSELF
MAY	PERSONALLY	REALLY
RICH	TAP	TELEVISION

Puzzle #69

O	A	U	X	A	F	O	R	M	U	L	A
B	V	W	E	W	F	R	U	I	T	I	T
L	B	Z	F	N	N	X	N	N	Q	F	S
I	V	R	O	U	A	F	Z	V	T	E	H
G	O	C	E	S	L	S	O	E	J	S	D
A	R	J	D	A	D	G	C	S	Q	T	Z
T	E	C	T	P	S	E	A	T	L	Y	L
I	C	I	E	K	P	T	U	I	I	L	H
O	O	B	J	E	C	T	S	G	C	E	G
N	R	M	O	A	S	U	E	A	B	T	L
C	D	S	T	A	T	I	S	T	I	C	S
T	V	S	T	R	A	N	G	E	R	P	B

AWFUL
BREAST
CAUSE
EAT
FORMULA
FRUIT
INFLATION
INVESTIGATE
LIFESTYLE
OBJECT
OBLIGATION
RECORD
STATISTICS
STRANGER
TIE

Puzzle #70

P	T	R	Y	G	D	G	W	S	M	B	V
H	A	S	L	K	U	C	P	T	J	S	L
E	K	O	V	E	R	L	O	O	K	Z	E
M	V	U	C	Y	T	Z	I	C	E	O	A
E	W	I	N	T	E	R	N	K	D	M	R
A	A	Y	D	K	S	X	T	E	E	D	N
N	E	H	U	E	P	B	M	R	F	F	I
I	Z	O	C	L	N	A	I	Q	E	O	N
N	C	U	B	Q	N	C	T	E	A	A	G
G	R	R	E	D	A	R	E	R	T	I	L
E	K	L	O	N	A	Z	P	P	V	F	H
L	F	V	A	Q	Z	P	L	E	N	T	Y

AMERICAN
DEFEAT
DEMAND
EVIDENCE
GIVE
GLOVE
HOUR
LEARNING
MEANING
OVERLOOK
PLENTY
POINT
SECURE
STOCK
WINTER

Puzzle #71

Z	Z	S	N	Q	Y	P	R	L	N	C	C
O	B	E	W	A	F	E	S	M	W	M	G
H	C	Q	M	M	I	C	H	A	N	C	E
V	I	O	L	E	N	C	E	E	Q	O	S
O	E	L	K	Q	X	Q	O	U	E	N	H
I	T	R	E	C	E	N	T	O	E	T	F
C	D	Q	Y	O	U	T	H	M	K	R	T
E	X	O	L	W	Q	H	Q	O	P	A	V
L	U	C	K	Y	V	I	U	I	F	C	O
Z	C	O	M	M	U	N	I	C	A	T	E
B	C	H	T	D	O	K	E	B	T	K	L
H	V	A	B	P	H	T	T	O	W	N	Q

CHANCE
COMMUNICATE
CONTRACT
COOK
FAT
LUCKY
QUIET
RECENT
THINK
TOWN
VERY
VIOLENCE
VOICE
YOU
YOUTH

Puzzle #72

N	P	C	T	T	F	F	L	X	L	H	R
W	N	A	X	R	E	L	E	A	S	E	Y
B	H	R	F	R	J	S	S	T	O	R	M
S	J	H	G	W	G	I	N	J	U	R	Y
X	L	E	G	I	T	I	M	A	T	E	P
E	E	S	E	H	B	L	A	U	H	R	G
J	A	H	U	N	L	F	P	Z	E	E	N
A	S	A	P	C	A	I	D	V	R	G	B
U	T	P	O	C	C	B	I	K	N	I	N
Z	Y	E	E	K	W	E	L	L	S	O	I
G	K	X	E	M	W	L	S	E	X	N	C
Z	Z	O	V	U	K	V	E	S	A	V	E

AID	ENABLE	FACE
INJURY	LEAST	LEGITIMATE
REGION	RELEASE	REVIEW
SAVE	SHAPE	SOUTHERN
STORM	SUCCESS	WELL

Puzzle #73

CUP	EYE	GRADE
NECESSARILY	OPERATE	OPERATING
POETRY	READER	REPLY
TEMPERATURE	TOMORROW	TOWARD
TRICK	WHILE	YET

Puzzle #74

V	L	C	A	L	O	P	Z	O	U	W	X
R	F	M	V	A	D	A	N	N	U	A	L
K	T	W	L	N	I	R	I	E	S	S	H
P	J	C	I	R	W	D	X	X	U	S	J
S	G	O	V	E	R	N	O	R	R	O	M
I	C	I	S	O	Y	I	P	A	V	C	N
M	O	Y	H	C	D	R	R	I	I	I	F
I	R	Q	O	F	I	L	M	S	V	A	Q
L	N	V	W	S	K	U	J	E	O	T	H
A	E	F	E	D	E	A	T	H	R	I	T
R	R	D	R	U	E	I	J	Y	P	O	H
G	Y	V	J	C	P	R	E	T	E	N	D

ANNUAL
ASSOCIATION
CORNER
COVER
DEATH
FILM
GOVERNOR
HIP
KEEP
PRETEND
RAISE
SHOWER
SIMILAR
SURPRISED
SURVIVOR

Puzzle #75

R	X	T	S	O	Q	P	O	C	C	F	V
S	T	U	F	F	N	Q	F	X	Q	L	M
U	J	N	U	H	S	P	O	R	T	O	C
P	E	R	C	E	N	T	A	G	E	W	G
R	U	G	E	M	A	N	N	E	R	W	E
E	B	K	C	O	N	C	E	P	T	G	W
M	Q	F	A	T	T	I	T	U	D	E	D
E	Q	V	A	I	T	E	M	H	O	L	R
C	U	S	T	O	M	E	R	G	I	N	G
K	M	C	O	N	N	E	C	T	M	N	B
E	Z	H	A	A	G	R	E	E	I	M	C
J	W	J	D	L	T	C	H	D	C	J	A

AGREE	ATTITUDE	CONCEPT
CONNECT	CUSTOMER	EMOTIONAL
IN	ITEM	MANNER
PERCENTAGE	SEEK	SPORT
STUFF	SUPREME	THIN

Puzzle #76

E	N	X	S	T	R	A	N	G	E	X	G
F	C	B	U	U	J	E	E	F	X	R	S
V	A	O	D	J	P	P	V	F	E	W	N
R	R	I	L	R	E	P	P	C	A	E	C
D	E	Y	T	L	U	B	O	Z	G	B	I
B	I	I	A	H	E	G	R	S	R	D	N
A	C	S	V	T	N	A	U	M	E	F	S
X	R	H	T	I	Z	R	G	N	E	D	P
E	B	E	T	A	F	K	T	U	M	E	I
O	R	I	T	A	N	I	J	T	E	V	R
Q	O	G	C	G	F	C	N	C	N	K	E
N	B	E	I	Y	H	O	E	S	T	G	T

AGREEMENT
BETTER
CARE
COLLEAGUE
DISTANCE
DRUG
FAITH
FEE
FEW
IDENTIFY
INSPIRE
RECOGNITION
STRANGE
SUPPOSED
SURFACE

Puzzle #77

P	G	A	C	Q	G	W	G	H	R	C	Q
U	K	F	E	H	J	N	G	W	I	D	D
H	R	E	F	L	E	C	T	I	O	N	A
O	K	F	R	G	P	C	O	M	M	O	N
Z	B	W	E	E	K	L	Y	I	A	K	G
X	C	B	Q	Y	M	J	R	T	F	P	E
V	I	Y	U	U	H	R	T	H	M	B	R
G	B	V	E	R	O	E	Z	D	L	C	A
S	O	K	N	R	N	O	Y	O	U	R	S
S	X	Q	T	D	E	F	I	N	E	A	S
T	P	U	L	E	T	T	E	R	A	F	E
Z	B	J	Y	L	N	S	R	E	U	T	T

ASSET
ATTEND
BURN
COMMON
CRAFT
DANGER
DEFINE
FREQUENTLY
HEY
LETTER
MAP
MIRROR
REFLECTION
WEEKLY
YOURS

Puzzle #78

V	B	Z	F	M	J	S	S	A	U	V	U
W	R	R	E	S	T	A	U	R	A	N	T
I	E	T	W	F	L	S	R	X	O	J	I
U	A	I	G	R	E	A	C	T	I	O	N
L	T	S	U	P	O	S	S	E	S	S	F
A	H	P	A	I	K	T	D	F	N	Q	O
S	E	C	R	P	B	R	O	A	D	E	O
F	J	V	A	L	U	E	K	A	O	O	D
W	D	T	N	L	A	N	G	U	A	G	E
L	Z	C	T	T	O	G	E	T	H	E	R
H	E	P	E	V	C	T	Z	I	R	F	F
C	A	W	E	U	C	H	E	S	T	X	O

BREATHE
FOOD
METAL
RESTAURANT
STRENGTH

BROAD
GUARANTEE
POSSESS
ROOF
TOGETHER

CHEST
LANGUAGE
REACTION
SCENE
VALUE

Puzzle #79

G	N	K	P	H	O	C	P	C	I	A	J
Z	Z	D	F	N	J	Q	H	V	N	P	L
J	L	W	H	S	U	R	V	I	V	E	H
M	A	M	M	K	S	O	A	O	L	K	Z
X	M	S	K	U	U	U	S	Z	T	D	I
T	G	J	B	Y	A	N	S	I	O	E	B
B	T	M	F	E	L	D	I	F	F	E	R
X	G	A	L	W	A	Y	S	T	O	P	O
C	F	K	A	I	N	S	T	A	N	C	E
N	E	E	G	U	J	J	M	A	Y	U	A
T	M	U	S	I	C	I	A	N	O	F	S
A	P	P	L	I	C	A	T	I	O	N	E

ALWAYS
CHILD
FLAG
MUSICIAN
SURVIVE

APPLICATION
DIFFER
INSTANCE
ROUND
USUAL

ASSIST
EASE
MAKEUP
STOP
VOTE

Puzzle #80

U	O	F	S	A	G	A	V	W	K	J	V
K	G	I	I	A	X	D	E	J	U	H	T
T	G	E	C	V	J	M	X	M	S	E	R
X	F	X	O	Q	D	U	P	R	O	U	D
D	A	A	N	F	E	T	E	E	C	C	D
F	W	I	S	H	T	U	C	R	L	Y	E
I	X	O	T	H	E	A	T	E	R	C	D
G	J	E	A	D	R	L	A	C	G	L	I
H	X	K	N	W	M	S	T	O	P	E	N
T	M	T	T	M	I	A	I	V	D	J	N
W	H	I	L	M	N	P	O	E	F	L	E
H	P	D	Y	M	E	W	N	R	E	L	R

CONSTANTLY
CYCLE
DETERMINE
DINNER
EXPECTATION
FIGHT
JUMP
MUTUAL
OPEN
PROUD
RECOVER
TEXT
THEATER
TIP
WISH

Puzzle #81

R	V	C	O	G	N	I	T	I	V	E	Q
T	M	I	N	C	R	E	A	S	E	D	T
S	Z	B	V	N	A	W	T	P	Y	B	R
U	V	J	T	C	D	R	Y	E	R	N	Z
P	N	A	H	E	O	G	S	C	W	O	Z
P	I	E	A	N	C	T	H	I	Z	W	F
L	R	L	G	B	A	H	F	A	J	M	T
Y	E	L	R	B	E	F	N	L	P	W	D
R	Y	A	L	G	C	A	K	I	H	P	Y
Q	H	I	J	O	X	S	U	S	Q	Z	Y
T	S	T	H	O	U	G	H	T	G	U	R
H	E	R	O	D	B	P	Z	F	Y	P	E

BEAUTY
ESTABLISH
HERO
STRONGLY
TEACHER

COGNITIVE
GOOD
INCREASED
SUPPLY
TECHNIQUE

DEALER
HAPPY
SPECIALIST
TAIL
THOUGHT

Puzzle #82

P	S	A	L	T	A	T	M	R	D	H	M
U	T	R	O	U	B	L	E	E	H	A	W
H	O	W	G	D	I	I	B	V	J	C	H
C	N	X	W	S	N	A	Y	O	S	E	I
U	E	F	X	F	T	Q	R	L	A	P	T
N	X	C	O	E	A	I	Q	U	T	O	E
I	F	R	M	R	T	S	Y	T	I	Y	K
V	C	X	F	Y	T	U	Q	I	S	U	L
E	H	O	I	R	A	U	U	O	F	K	G
R	K	E	O	M	I	J	N	N	Y	V	J
S	Q	N	Q	C	E	J	Z	E	B	P	Q
E	G	M	K	W	S	R	A	O	T	C	B

DEBATE	FORTUNE	JET
LAP	MAJORITY	QUICK
REINFORCE	REVOLUTION	SALT
SATISFY	STONE	STRONG
TROUBLE	UNIVERSE	WHITE

Puzzle #83

R	W	W	U	D	K	A	A	U	Y	R	H
P	A	L	E	S	T	I	N	I	A	N	V
L	K	D	F	O	D	A	P	B	Q	F	E
E	Q	U	A	L	R	P	O	O	Q	C	Z
A	W	B	O	Y	F	R	I	E	N	D	K
S	U	O	H	P	T	G	X	Y	W	C	G
E	E	G	C	I	L	P	A	R	T	L	O
Q	H	P	O	U	L	X	A	U	H	A	R
O	L	N	W	A	A	P	G	S	E	N	D
U	W	H	I	R	R	W	O	T	N	X	E
G	X	N	L	V	G	T	J	I	P	V	R
D	E	C	I	D	E	X	G	R	A	Y	C

ABORTION
EQUAL
LARGE
PART
STIR
BOYFRIEND
EXPLAIN
ORDER
PLEASE
THEN
DECIDE
GRAY
PALESTINIAN
SEND
WRAP

Puzzle #84

O	N	J	L	O	X	H	V	B	Q	M	W
W	P	L	W	K	S	O	U	B	C	S	G
K	P	A	S	S	U	R	E	F	O	R	H
I	R	W	R	T	F	E	R	M	N	X	D
M	O	C	X	T	H	F	A	C	T	J	I
M	D	A	O	D	I	E	T	R	A	K	F
I	U	P	L	N	D	C	A	K	C	F	F
G	C	Y	A	J	S	F	I	E	T	S	I
R	T	L	F	I	F	U	W	P	R	U	C
A	I	Q	I	I	R	J	M	L	A	G	U
N	O	V	C	E	O	W	P	E	J	N	L
T	N	A	L	D	F	I	E	Z	R	N	T

ASSURE
DIET
FINAL
LIE
PRODUCTION
CONSUMER
DIFFICULT
HI
PAIR
TRAFFIC
CONTACT
FACT
IMMIGRANT
PARTICIPANT
WARM

Puzzle #85

K	V	Q	L	R	D	W	N	C	O	K	D
U	C	M	I	R	A	C	L	E	R	C	G
R	A	A	P	O	O	C	H	V	O	H	H
B	B	T	I	M	O	R	E	M	P	O	N
Q	I	H	P	R	A	E	M	V	R	L	P
G	N	L	A	V	C	A	W	E	I	E	E
F	E	E	N	J	N	R	S	C	O	S	B
X	T	T	E	D	H	I	A	Q	R	T	I
I	C	I	L	Y	D	N	W	F	I	E	G
B	X	C	T	E	C	Z	N	G	T	R	X
L	P	H	N	E	C	B	H	I	Y	O	Z
R	M	T	R	T	K	T	E	A	I	L	A

AIRCRAFT
ATHLETIC
CABINET
CANCER
CHOLESTEROL
COMMAND
COMPLEX
MIRACLE
MORE
PANEL
PRIORITY
RESIDENT
RHYTHM
TEA
TIGHT

Puzzle #86

M	N	O	K	Y	N	C	K	C	M	K	F
G	S	Y	M	P	T	O	M	J	M	Z	U
S	T	T	J	N	Q	O	C	W	F	Z	T
U	E	P	R	L	N	O	R	M	A	L	Z
B	E	I	I	A	R	T	I	C	L	E	B
S	L	Z	T	R	I	S	K	I	Z	O	G
T	L	I	R	B	D	G	R	C	N	Z	X
A	O	E	T	H	C	W	H	E	E	L	O
N	U	S	E	Z	D	E	H	T	M	D	B
C	R	V	U	P	F	J	L	U	R	L	A
E	F	F	E	C	T	I	V	E	L	Y	M
Z	P	S	Y	C	H	O	L	O	G	Y	C

ARTICLE
NATION
PSYCHOLOGY
STEEL
SUCH

CHEF
NORMAL
RISK
STRAIGHT
SYMPTOM

EFFECTIVELY
OUR
SLEEP
SUBSTANCE
WHEEL

Puzzle #87

P	C	B	H	A	C	F	Q	B	V	M	J
J	K	Z	Z	B	O	C	A	M	P	P	P
S	O	Z	C	R	E	T	I	R	E	U	G
N	L	X	E	I	F	U	E	U	O	X	P
I	L	S	Y	A	V	S	D	S	V	C	F
S	T	C	U	L	S	I	P	S	L	A	A
G	X	F	K	U	G	E	L	I	W	M	C
Z	S	F	R	T	A	E	E	A	C	O	T
U	D	E	C	K	G	N	N	N	L	N	O
P	C	G	J	A	T	D	D	D	O	G	R
B	S	P	L	J	E	W	H	S	E	S	Y
B	P	S	T	R	I	P	T	K	N	R	F

AMONG
CLIENT
FOREST
PRESSURE
SPEAK

CAMP
COLD
GENDER
RETIRE
STRIP

CIVIL
FACTORY
LEGAL
RUSSIAN
WANDER

Puzzle #88

A	S	R	Z	V	S	Q	H	S	B	P	C
M	E	A	S	U	R	E	V	J	S	E	B
L	X	H	U	A	L	T	I	U	V	Y	Y
R	A	R	E	X	B	O	M	B	I	N	G
T	M	S	H	O	T	O	W	K	R	S	A
F	I	E	X	C	E	L	L	E	N	T	J
U	N	A	T	U	O	Z	A	Q	O	A	U
T	E	R	E	E	D	L	A	W	U	N	Z
M	H	C	L	N	R	D	E	H	I	D	X
L	J	H	I	G	H	R	B	O	R	A	P
C	A	F	T	C	O	O	L	S	K	R	K
I	K	T	G	V	V	P	E	E	P	D	K

BOMBING
EXAMINE
MEASURE
SEARCH
TOOL

COOL
EXCELLENT
METER
SHOT
TOWER

DROP
HIGH
REAL
STANDARD
WHOSE

Puzzle #89

K	D	Q	N	P	T	C	V	D	U	O	H
O	F	H	F	J	R	B	E	A	D	J	L
H	H	L	E	G	D	E	S	D	N	L	O
V	R	F	X	F	E	A	S	O	M	T	N
A	T	B	I	E	P	T	E	E	O	J	G
O	L	E	S	T	A	M	N	O	R	F	U
Q	O	E	T	H	R	O	T	D	J	V	T
Y	E	A	E	N	T	H	I	P	K	J	E
D	P	P	N	I	M	W	A	R	I	E	R
E	S	E	C	C	E	L	L	A	T	E	M
P	H	E	E	O	N	E	L	X	C	E	F
B	I	T	X	D	T	Q	Y	Z	Q	N	Y

BEAT
ETHNIC
LONG-TERM
PRESERVE
TAPE
DEPARTMENT
EXISTENCE
NOTICE
SEED
TOOTH
ESSENTIALLY
LATE
ODDS
SO
WAR

Puzzle #90

L	E	B	D	I	P	I	G	E	N	E	U
B	Z	J	B	N	L	J	M	X	P	J	S
R	I	F	A	C	T	O	R	P	A	I	N
Y	Y	I	L	O	N	O	T	A	O	K	A
L	E	N	A	M	A	T	S	N	V	S	L
B	M	D	N	E	F	U	O	S	J	K	E
O	B	I	C	M	R	A	T	I	P	M	T
U	S	N	E	V	A	H	Z	O	I	M	Z
D	G	G	I	L	I	T	I	N	U	G	J
X	F	V	J	U	D	M	T	U	P	M	S
G	A	L	A	X	Y	G	H	E	O	J	I
L	C	P	A	N	O	T	H	E	R	X	J

AFRAID	ANOTHER	BALANCE
EXPANSION	FACTOR	FINDING
GALAXY	GENE	IMPOSE
INCOME	MATTER	NOT
PAIN	SURVIVAL	TOSS

Puzzle #91

Y	N	A	D	Z	H	Y	W	M	X	M	E
X	W	L	L	C	R	D	K	G	S	G	A
W	M	C	O	N	T	I	N	U	E	D	H
E	R	S	M	H	O	S	M	O	Q	M	P
R	D	P	E	U	R	O	P	E	A	N	O
H	C	O	A	L	W	D	H	K	L	O	P
B	R	Q	P	N	E	V	E	R	L	T	L
Y	O	G	E	B	I	C	M	R	O	I	N
F	R	R	T	K	G	X	T	O	W	O	Q
I	V	P	R	W	H	A	T	I	T	N	M
V	W	R	A	O	T	Z	I	B	O	O	M
C	E	L	S	E	W	H	E	R	E	N	R

ALLOW
CONTINUED
ELSEWHERE
MOTOR
SELECTION
BOOM
DEBT
EUROPEAN
NOTION
THEORY
BORROW
EIGHT
EVER
OWNER
WHAT

Puzzle #92

Z	M	S	D	O	B	L	U	J	R	N	M
W	I	H	C	R	O	S	K	F	L	P	M
Z	C	E	S	O	R	T	V	W	T	E	Y
L	V	R	T	O	R	U	U	R	N	O	O
P	W	H	R	U	M	E	X	G	L	P	F
P	E	E	U	P	O	E	I	R	R	L	L
Y	P	L	C	C	A	N	T	I	Z	E	W
T	F	L	T	B	E	P	G	H	K	Y	D
Z	G	O	U	E	X	X	E	O	I	R	Z
F	A	B	R	I	C	M	W	R	I	N	C
J	T	H	E	S	E	B	W	N	Z	N	G
T	V	J	C	H	I	C	K	E	N	B	G

CAN
CHICKEN
DRINK
ENGINEER
FABRIC
HELLO
ONGOING
PAPER
PEOPLE
SCORE
SOMETHING
SORT
STRUCTURE
THESE
THEY

Puzzle #93

AIRPORT	ARISE	AT
CONTRIBUTION	DEER	DENY
EXTENT	GENETIC	GROWTH
HAIR	HOME	HUNTING
LAYER	PRACTICAL	SING

Puzzle #94

Z	J	P	D	T	X	J	R	A	C	E	E
C	P	F	C	K	D	H	G	O	L	H	T
O	U	S	G	J	A	D	M	L	A	J	U
B	M	D	K	F	T	M	L	D	S	T	D
V	P	Q	O	I	E	H	H	W	S	K	Q
I	D	E	A	R	L	M	O	K	U	P	T
O	H	S	C	U	E	L	B	U	X	H	C
U	E	I	M	B	P	X	I	R	G	E	V
S	A	C	Q	L	H	S	B	N	A	H	W
L	V	R	W	S	O	O	T	A	D	C	I
Y	Y	J	A	A	N	A	T	U	R	E	E
Z	E	C	Z	B	E	A	B	T	W	F	X

ARAB
CLASS
COMMERCIAL
EMBRACE
HEAVY
IDEA
INDEX
NATURE
OBVIOUSLY
OLD
RACE
RUB
SKILL
TELEPHONE
THOUGH

Puzzle #95

O	X	U	J	B	K	R	Z	T	N	I	K
R	K	I	E	H	F	R	G	Z	F	W	K
P	P	H	X	Q	U	A	L	I	T	Y	K
R	L	I	A	A	Q	N	S	S	N	A	M
E	I	T	M	J	S	L	T	H	Y	D	C
F	H	A	I	F	A	L	S	E	E	R	J
E	M	K	N	X	J	J	L	R	R	L	Z
R	E	G	A	R	D	L	E	S	S	L	F
E	M	A	T	C	O	N	S	U	M	E	Y
N	B	M	I	W	y	G	L	O	B	A	L
C	E	E	O	T	Y	A	F	W	Q	V	F
E	R	H	N	B	W	B	F	J	P	E	I

CONSUME
EXAMINATION
FALSE
GAME
GLOBAL
HER
HUNTER
LEAVE
MEMBER
N'T
PREFERENCE
QUALITY
REGARDLESS
SHELF
YELLOW

Puzzle #96

W	C	S	A	R	R	I	V	A	L	J	A
L	O	Z	P	G	D	E	W	U	G	L	Y
M	N	M	P	H	X	Q	N	R	O	I	N
A	S	U	R	U	X	L	A	V	S	M	Z
R	T	L	O	Q	I	I	L	L	O	I	W
K	R	T	V	K	N	E	A	U	L	T	M
E	U	I	E	J	F	N	S	V	Y	A	U
T	C	P	B	M	D	E	H	O	D	T	N
H	T	L	I	X	P	T	A	D	N	I	F
H	Q	E	N	L	F	T	R	W	R	O	W
G	I	R	L	F	R	I	E	N	D	N	S
W	W	T	W	S	G	H	J	A	F	W	I

APPROVE	ARRIVAL	ATTEMPT
CONSTRUCT	GIRLFRIEND	GRAIN
ISLAND	LIMITATION	MARKET
MOUSE	MULTIPLE	SHARE
SON	UGLY	UNLIKE

Puzzle #97

D	B	O	S	S	M	O	C	A	K	C	S
R	R	H	C	B	P	X	U	A	A	G	S
I	I	P	G	E	N	Y	V	O	T	E	R
Y	T	R	I	P	A	B	P	Q	B	D	L
V	I	E	A	S	Y	N	M	Q	R	U	J
I	S	J	N	C	C	F	P	A	F	C	Q
H	H	M	P	H	C	L	F	R	Y	A	S
Q	N	A	O	K	A	T	O	X	O	T	Q
J	L	C	N	O	Y	N	F	T	A	O	O
K	Z	W	S	G	T	M	C	T	H	R	F
K	Y	T	T	X	B	H	U	E	K	E	A
M	D	Q	N	Z	A	S	F	O	B	D	S

BOSS
DRAFT
ENHANCE
OCEAN
STATUS
BRITISH
EASY
FRONT
PROOF
TRIP
CLOTHES
EDUCATOR
HANG
SMOOTH
VOTER

Puzzle #98

E	F	D	N	Y	G	O	N	A	J	V	K
F	Q	Q	T	C	A	P	T	A	I	N	P
F	D	V	N	P	X	R	H	O	T	W	K
I	C	O	M	F	O	R	T	L	V	V	M
C	W	V	U	O	D	R	K	F	I	N	D
I	L	R	P	T	L	A	T	D	O	S	X
E	I	I	N	J	P	Q	S	R	L	V	T
N	G	G	N	I	G	E	P	P	A	R	I
C	H	L	W	I	G	G	R	M	T	I	W
Y	T	H	P	U	C	H	Z	S	I	F	T
L	E	G	I	S	L	A	T	I	O	N	N
N	E	E	D	I	H	Z	L	H	N	N	O

CAPTAIN	CLINICAL	COMFORT
EFFICIENCY	FIND	LEGISLATION
LIGHT	LIST	NEED
NIGHT	PERSON	PORTRAIT
TROOP	VIOLATION	WHEN

Puzzle #99

Y	B	R	B	I	L	L	I	O	N	H	W
L	D	T	C	A	S	H	N	O	N	I	I
Z	K	T	T	O	H	R	E	I	K	N	F
L	T	I	N	T	F	X	Y	S	G	T	T
T	N	U	O	C	W	F	H	R	B	V	U
Y	B	S	W	I	M	A	E	X	Q	I	B
P	R	E	F	E	R	D	L	E	Z	Z	V
E	A	R	L	P	I	X	N	L	N	R	K
P	N	U	M	E	R	O	U	S	I	W	J
K	C	E	N	P	L	L	R	J	J	Z	B
C	H	T	H	U	S	F	A	X	V	J	K
D	F	J	B	J	I	R	I	K	Z	N	N

BILLION
BRANCH
CASH
COFFEE
IF
INGREDIENT
LATIN
NUMEROUS
PREFER
SHARP
SWIM
THUS
TYPE
USER
WALL

Puzzle #100

A	A	H	J	J	W	G	N	V	K	P	M
T	P	C	M	Q	Q	Z	S	P	O	D	S
A	B	S	E	N	C	E	R	X	I	O	U
O	Z	K	A	D	M	I	T	F	M	B	D
J	V	L	N	F	V	L	F	E	O	R	D
I	A	T	W	Q	A	I	W	O	U	R	E
Y	R	H	H	N	C	H	K	V	N	H	N
K	I	I	I	U	A	K	Q	E	T	Z	K
Z	E	R	L	T	T	J	Z	R	A	S	B
K	T	T	E	Z	I	E	N	T	I	R	E
U	Y	Y	C	P	O	E	M	J	N	T	R
N	D	E	M	O	N	S	T	R	A	T	E

ABSENCE
DEMONSTRATE
MEANWHILE
POEM
THIRTY

ADMIT
DIFFICULTY
MOUNTAIN
SOMEWHAT
VACATION

BOOK
ENTIRE
OVER
SUDDEN
VARIETY

Puzzle #1

			R								
					I	B					H
		S			F	D	E	C	K	I	
		T	E		U	L		I	M		W
		A		T	O	N	E	S	N	O	O
		T	Y	O	T		E		R	G	U
		I		D		L	S	K	A		L
		O		A	F	T	E		N		D
		N		Y	U	R	N	M	K		
				D			A		E		
			Y				T			N	
		D	E	L	I	V	E	R			T

Puzzle #2

					W	I	R	E			
				A	P	P	R	O	V	A	L
			T	H	C	O	N	T	E	X	T
		C	E	H	O	C	H	A	R	G	E
	H	E	A		R	R	I	E			
	L	N			P		S	D	A		
	G			O	O		N	E	E	D	
E			L		R	T	A			N	
		I			A		P		E		T
	C			S	T			C			
E			K		E		K				

Puzzle #3

E											
M					P	U	R	P	O	S	E
P	V	L	A	R	G	E	L	Y		I	
H	I		S	T	A	R	E		S	N	
A	S			S	T	R	A	T	E	G	Y
S	U		M	T	C	E			R	E	
I	A	I		E		O	N		V	R	
Z	L		F	A			P	T	E		
E		W	I	D	E	L	Y	E	I		
			V	Y						O	
		R	E	F	U	G	E	E			N

Puzzle #4

I		S	T	A	G	E	F				
	N	A	T	U	R	A	L	L	Y	L	
	E	D	C	O			O			I	
	W		E		M		A			K	
	S		L	P	M	A	T			E	
			E		E	E	C	E	L	L	
			B		N	N	A	H		Y	
			R		U		D	N			
		S	A	U	C	E		E			
			T	H	R	E	E		N		
		P	E	R	H	A	P	S		C	
			S	E	N	S	I	T	I	V	E

Puzzle #5

I	S	R	A	E	L	I					
	O	O		P	A	Y					
	N		M	B	A	D	L	Y			
	G			E		I					O
					W		N		T		C
					I	H		F	R	H	C
					T		E	A	U		U
					N		T	R	E	L	R
					E	E	C	W	E		
					S	H	O	H			
					S		P	O	T		
			S	L	A	V	E	M			

Puzzle #6

W								E			
G	A	L	L	E	R	Y		L			
M	Y	S	T	E	R	Y		E			
		I	T			M		M		D	
		G		E		O		E		E	
	J	N	G			D		N		V	
		A			S	E	T	T	L	E	
	Z	L	I	R	I	S	H	A	O	L	
E			L	L		T	V	R	S	O	
			L	I	F	T		Y	T	P	

Puzzle #7

		C									
		F	O	R							
	H	R	T	N				L	O	C	K
		I	E	E	T				P		
W		E	L	A	A	I			P		
O	I	N		L	D	C	N		O		
R	D	D		M	C	I	H	U	N		
D	E	S	T	R	O	Y	N	I	E		
	A	H	S	W	U	M		G	N		
	L	I	N		N		E		T	G	
	G	P			T			N			
N					Y				T		

Puzzle #8

H	E	A	D	Q	U	A	R	T	E	R	S
		M	E	A	T						
	J	A	P	A	N	E	S	E			
	C	P	R	O	F	E	S	S	I	O	N
	O		E					D			
	M	C	S	W	A	G	E	I	O		
	P	L	S			C	M	S	B		
	L	E	I	Z	L	P	P	A	S		
	E	A	O	I	R	E	S	S	E		
	T	N	N	E	E	K		T	R		
	E	E	S	D	E			E	V		
		S		T				R	E		

Puzzle #9

	Q	U	A	R	T	E	R				
			U			F	L	A	V	O	R
			D	P		F			N	E	E
			I		O	T		E	S		P
			E		E	N	R	I			U
			N	R			S	E			B
			C		W	T			N	U	L
			E	O	A				D	D	I
			R	N	M			G		H	C
		K	C			M	E			O	A
	S	E				T	I		S	W	N
					M	A	S	T	E	R	

Puzzle #10

	R	E	G	U	L	A	T	I	O	N	A
M	E	D	I	C	A	L			O		G
	N	U	N	I	W				K	R	R
	T	C	V	N	A				A	E	I
	R	A	O	V	R			D	Y	M	C
	A	T	L	O	D		U			I	U
	N	I	V	L	B	A	K	E		N	L
	C	O	E	V	T					D	T
	E	N	M	E	E	T	I	N	G		U
		A	E	D	I	S	C	U	S	S	R
		L	N								A
P	H	O	T	O	G	R	A	P	H		L

Puzzle #11

	H	O	M	E	L	E	S	S			
	O	F	F	E	N	S	I	V	E		
	S	U	P	P	O	R	T	E	R		O
L	P	R	E	T	T	Y					F
C	I	V	I	L	I	A	N				T
	T	T		W							E
	A		E	X	P	L	O	S	I	O	N
	L			R	E	S	O	U	R	C	E
M	E	D	I	C	A	T	I	O	N		
E	I		I	N	C	L	U	D	I	N	G
S		N					L				
S			D					Y			

Puzzle #12

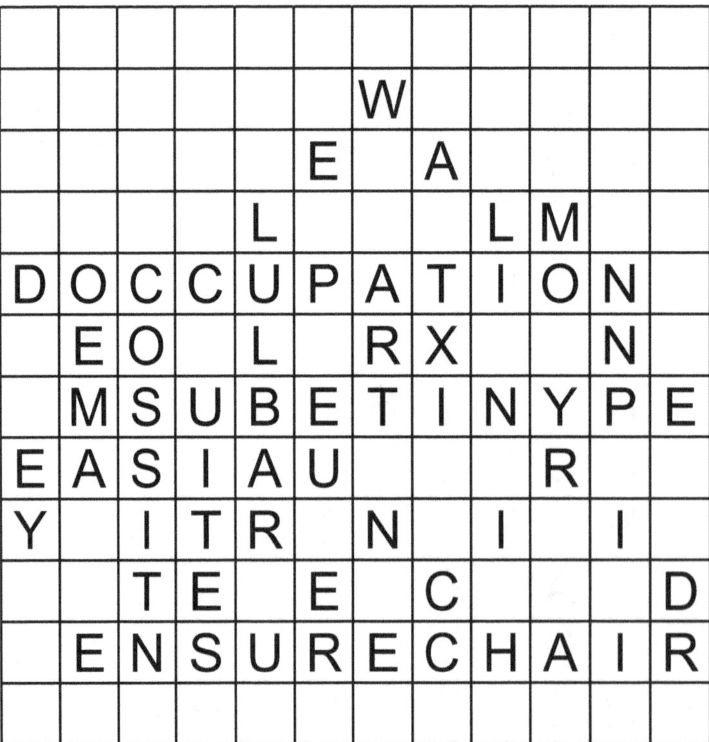

						W					
					E		A				
				L				L	M		
D	O	C	C	U	P	A	T	I	O	N	
	E	O		L		R	X			N	
	M	S	U	B	E	T	I	N	Y	P	E
E	A	S	I	A	U				R		
Y		I	T	R		N		I		I	
		T	E		E		C				D
	E	N	S	U	R	E	C	H	A	I	R

Puzzle #13

				P	R	O	P	E	R	T	Y
			M	A	T	E	R	I	A	L	
						H	A	N	D	M	
	S	U	B	S	T	A	N	T	I	A	L
W	P	I	C	T	U	R	E	R	C	G	
O	R	E	F	O	R	M	E		A	A	
U	O	I				F			L	Z	C
N	C		T		L					I	A
D	E		R	E	P	R	E	S	E	N	T
	E		C	B	R	I	C	K		E	C
	D	T									H

Puzzle #14

							D				
					B	A	T	T	E	R	Y
	P	R			U	M					
	R		E	G	B	L	A	D	E		
	O	S	H	S		P	F	I	R	M	
	C	T	O	E	P		L		N		
	E	R	B	L	A	O		A		L	
R	S	A	E	P	U	R	N		C		Y
	S	D	C	L		T	T	D		E	
		E	O	O	A		I		E		
			M	T		X		O		N	
			E						N		T

Puzzle #15

B	R	E	A	K	F	A	S	T			
		P	T	P	R	O	T	E	I	N	
			I	R	A	Q	I				
			C	A	B	R					
			K		N	E	T			S	
			E			O	D	M	T		
M	O	S	T	L	Y			R	E		
U	N	I	T	E	D		I	B	O	N	D
S	T	R	E	S	S	K				O	T
C	E				E						M
L	A	L	M	O	S	T					
E			F								

Puzzle #16

		R		T	O	U	C	H			
			E	P		R	O		C		
				P	E	N		B	O	T	H
				A	O	N			M		
			T	R		R	A		M		
S	H	E	L	T	E	R	T	L	I		
P				D	I	R	E	C	T	L	Y
O				S	O	L	A	R	M	Y	
T				L		R	A	R	E	L	Y
C	O	A	L	I	T	I	O	N	N		
			R	E	G	U	L	A	T	E	

Puzzle #17

			N		L					M	
	C		H	O	C	C	U	P	Y	E	
	R	A	W		R	R				A	
	T	E	R			T	I			S	
	R		G	R			H	M		U	
	E			U	I				E	R	
	M				L	E	T			E	
	O					A	R	W		M	
	T	D	O	C	T	O	R		I	E	
R	E	A	S	O	N			L	A	N	D
	G	R	A	D	U	A	L	L	Y	T	D

Puzzle #18

					W						
A					O	F	F	I	C	E	R
	R			K	N	O	C	K		A	E
A		T		M	D	O		I	T		S
P	Q	U	I	T	E		V	H	T		O
A		G		S	R		E	E		E	R
R	H		R		T	R			L		T
T		E	F	A	I	R					
			A		B	R	I	E	F		
				R							

Puzzle #19

										I	I
			K					F	U	N	D
L	I	C	E	N	S	E	A		V	D	M
			N		O	N		E		U	A
			U			W	S		S	S	N
			C			T	L	T		T	
			L		I		L	E	A	R	N
			E	G	W				D	Y	
			A	G	E	N	C	Y		G	
		T	R	D	I	S	T	A	N	T	E
W	O	R	T	H	G						
R					H	A	V	E			

Puzzle #20

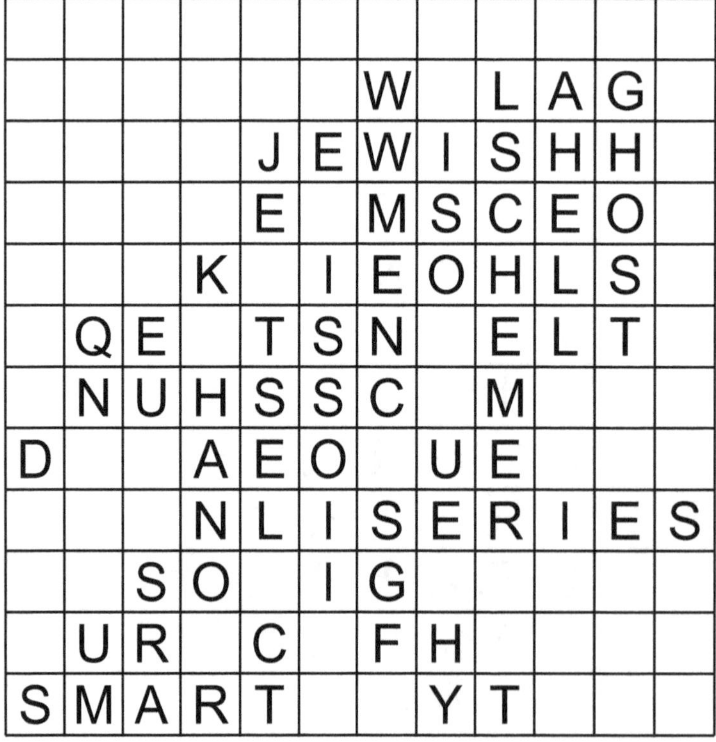

						W		L	A	G	
				J	E	W	I	S	H	H	
				E		M	S	C	E	O	
			K		I	E	O	H	L	S	
	Q	E		T	S	N		E	L	T	
	N	U	H	S	S	C		M			
D			A	E	O		U	E			
			N	L	I	S	E	R	I	E	S
		S	O		I	G					
	U	R		C		F	H				
S	M	A	R	T			Y	T			

Puzzle #21

		S	T	A	Y		C				
			U		E	V	O	L	V	E	
				R			N	A		X	
					P	C	T	W		P	
			G	L	E	R	A	N		E	
	F		A	O	E	I	I		T	C	
	U	N	Y	S	R	M	N	S	W	T	
	E			E		I	E		I		
	L					N	R		C	N	
	U	L	T	I	M	A	T	E	E		G
F	R	I	E	N	D	L	Y				

Puzzle #22

S	O	L	V	E	T	H	I	C	S		
			C	X				D			
			O	P	A	R	K	R			
			N	A			R	I	V	E	R
R			S	N				V			
I	M	M	E	D	I	A	T	E	L	Y	
S	O	Y	Q	I	G	N	O	R	E		
E	U		U								
	T	S	E	N	T	E	N	C	E		
	H		N								
			C	E	N	T	U	R	Y		
	C	H	E	E	S	E					

Puzzle #23

	P	M			G						
	C	I	I		C	A					
	U	N	N		H		T	A	L	L	
C	R	I	T	E	R	I	A	H	N		
	I	S	E		I				E		
	O	T	N		S				I	R	
	U	E	S	S	T	Y	L	E	G		
	S	R	E	W	M	D			H		
E	V	A	L	U	A	T	E		B		
		N		R	S	V			O		
		Y	K			N	E	A	R		

Puzzle #24

	P	E	R	M	A	N	E	N	T		
			S					S			
	R			T				P	O	O	R
	E	S			I			I			
	L	O				M		R			
S	I	M	P	L	E		A	I			F
	E	E	O	B	J	E	C	T	I	V	E
	F	H		F				U	E		L
		O	R	I	G	I	N	A	L		L
		W	E	B	U			L	N		O
			D	E	Y					D	W
				R							

Puzzle #25

										E	
			M	E	R	E	L	Y		X	
			H	O	L	I	D	A	Y	P	
				O	N	A	H			E	
			W	U	R	E	S	P	O	N	D
			M	O	L		Y			S	
G		B	U	P		W	N			E	
A	E	N		F	I	N	A	N	C	E	
R	D			S		E	T				
L			E				I				
I							V				
C	O	N	D	U	C	T	E				

Puzzle #26

								I	E	F	
A							N	X	O		
	D					S	C	R			
		O			U	E	M				M
			P	R	P	A	B	M			A
			A	T	T	R	A	C	T	E	R
		N	I	I	O	L	S	L		V	R
	C	O	O	T	E			H	O	E	I
E	N	N	H	W	A	I	T		A	N	A
S	W	E	E	T	R					D	G
	R				N	S	A	M	P	L	E

Puzzle #27

						T	E	R	M	S	
P						H					
O						E					
S						R					
S						A	M	F			
I		S				P	A	U		C	
B			H	O	T	Y	I	N	O	O	
I	N	S	T	A	L	L	N	N		L	
L	O	S	S		K		C	Y	E	L	
I		A	C	A	D	E	M	I	C	E	
T	C	H	A	I	R	M	A	N		C	
Y				N	E	A	R	B	Y	T	

Puzzle #28

									D		
				M	A	S	S		I		
							T		F		
				W	O	D		R	F		S
			H	P	U	R	S	U	E		W
		O		A		I		G	R	E	I
				H	T	V		E	E		T
			N	A	M	E		S	N		C
			F	L	I	G	H	T	T		H
			F	L	A	M	E	U	L		
								R	Y		
					B	U	Y	E	R		

Puzzle #29

	S	U	R	R	O	U	N	D	R		
		L					R	E	E		
	M		E			E	G	C	A		
	P	O		S	A	I		L	D		
	K	R	R	M	S			A	I		
		I	O	T		O		R	D		
	N		E	V	G	D	N	E	E		
G		R		H	E	A	V	E	N		
			A	P		C	G		T		
		B	T			I		E	I		
	I	H				D			T		
T									Y		

Puzzle #30

					U						
						N					
F	E	A	T	U	R	E	L				
		G						E			
		A						S	S		
		I	P	A	L	M		E	P	S	
		N	A	E	B			N	A		
		S	N	V	A	R	Y	A	C		
		T	T	H	R	E	A	T	E	N	G
	R				R			O		O	
Y	T	H	O	S	E			R	A	W	
			B	E	L	T		L			

Puzzle #31

		F	O	U	N	D	A	T	I	O	N
C	C	I	T	Y		S					O
	O	O				W	D	F	T		N
	P	M	M			E		O			E
	O		B	P		A	U	R	G	O	T
A	S			I	L	R		M			H
S	I				N	I		E			E
S	T			A		E	C	R			L
A	I	I	M	P	O	R	T	A	N	C	E
U	O	E							T	J	S
L	N	E	F	F	E	C	T	I	V	E	S
T										W	D

Puzzle #32

									A		M
		C	O	N	C	R	E	T	E		A
		C					H				N
		A				L					A
		B			E	R		S		T	G
	F	I	F	T	E	E	N	A	M	H	E
		N	E	P	L	A	T	F	O	R	M
		D		R	B	L	H	E	R	E	E
			U	I		I	A	T	N	A	N
			N	S		T	N	Y	I	T	T
		D		O	T	Y			N		
P	A	R	E	N	T				G		

Puzzle #33

	L										
	A										
	N										
	D										
	S	C	L	A	S	S	R	O	O	M	
	C	U	U			E			G	A	S
	A		S	T	M	H		C	A		
	P	U	T	E	R	R	O	R	I	S	M
	E		M		F	R	U	L	N	T	O
		B			E	U	T		Y	A	R
W	E	A	P	O	N		L			F	A
R										F	L

Puzzle #34

			P	R	O	F	E	S	S	O	R
								L	I	K	E
C		O				T		E		I	T
A	P	P	R	O	A	C	H	G		C	A
T	A	E		P	W	S	R	E		K	I
H	R	R			I	O	A	N	R		N
O	K	A			U	L	R	D		E	
L	I	T		N	L		O	R			
I	N	O	D	Y				T	Y		
C	G	R									

Puzzle #35

			P								
				R	E	A	L	I	Z	E	
					A			D			T
						C		E			E
							T	P			L
					A	G	A	I	N		E
		B	I	B	L	E		C	C	S	S
	D	E	S	P	E	R	A	T	E	E	C
	O	G		I		H	O	N	E	Y	O
	Z	I		N		H	I	T			P
	E	N		K		O	R	A	N	G	E
	N				R	E	S	O	L	V	E

Puzzle #36

					C	L	A	S	S	I	C
P	O	W	E	R	A	O		T	E		U
			A	B		C		E	R		L
		C	E		O	A	C	A	I	H	T
	K	L		M	C	L	L	L	O		U
			M	T	I	I		N	U		R
		E	U	M	V		E		S	S	E
	N	A	A	E		S			L		E
T	L	T			T				Y		
R	E	S	P	O	N	S	E				

Puzzle #37

		E					O				
			X		S		F	S			
				H			F	I		T	
	A	B	O		I	E	I	T		R	
		C	E		I	B	C	U		A	
	K		T	T	G		I	A		N	
		H	H	R	W		A	T		S	
G	E	E	A		E	E	L	I	I	F	G
	R	S				S	E	O		O	
	S	A					S	N	D	R	N
	R	U	N	N	I	N	G			M	
P	A	I	N	T	U	N	N	E	L		

Puzzle #38

P	A	S	T				P			C	
	L				B	R	I	D	G	E	
		A		O	E	N		U	T	R	
			Y	V	V		S		A	E	
			I	E		E	A		C	M	
		O	S		D	L	L	T	T	O	N
	U	T				R	A	T	I	N	G
S	O					S	R	T	C	Y	
R					T		Y		E		
U	N	I	V	E	R	S	A	L		R	

Puzzle #39

	I	N	T	E	R	N	A	L			
I	N	C	I	D	E	N	T		G		
	F	I	N	A	N	C	I	A	L		
	O								A		
	R				P		C		D		
	M			U	T	O	B	A	C	C	O
	A		S		N		U	N			
	T	H		S			E	R	R	O	R
	I		T		E	A	M				
	O	A		H	R	A	N	G	R	Y	
	N			L	I		T				
T			Y	L		S					

Puzzle #40

			P	I	T	C	H				
		M	U	S	L	I	M				A
			B			T	I	M	E		R
			L	E		O					C
H			I	C	H	T	C	O	U	C	H
E			S		O	A	I	R			I
A			H			L	V		E		T
D	G					L	L	I		W	E
L	I	B	R	A	R	Y		A	O		C
I	A								P	R	T
N	N									S	
E	T		R	E	F	E	R	E	N	C	E

Puzzle #41

F	L	E	E								
E	N	O	R	M	O	U	S				
			T	W							
				S	H	I	F	T			
		G	C	R	E	A	T	U	R	E	
T	O	M	A	T	O	U	T	H	E	M	E
		W		P	E	R	F	E	C	T	
	A					G			V		S
Y						E				E	
R	E	S	P	O	N	S	I	B	L	E	R
					M	I	L	L	I	O	N

Puzzle #42

					R	A	T	I	O	R	
					F		R		P	E	
				R		H	A	R	D	L	
			I			D	O		I	E	
		C			V	C	P			V	
	A		A	A	E		P	S		A	E
N		I	N	D			O	B		N	
	D	C	U		V	I	S	U		T	
E	E	R			L	I	E	T		S	
	E						S	T	A	L	K
				W	H	O	L	E		O	
								R	R	W	

Puzzle #43

	E							A			
	L						C	S	E	E	M
	E			D	I	R	T	Y		I	
	C				O	R	A			N	
	T	J		S	A	Y	B			I	
	R	U	S	T		E	L	E	C	T	
	O	D	E	O		L	E	A	O	I	
	N	G			N	L	L	C	U	A	
	I	M				L		C	N	L	
C	C	E					Y	E	T		
F	U	N	D	I	N	G		P			
		T						T			

Puzzle #44

									P		
							S	H	O	P	
								A	L	S	O
	C	O	O	P	E	R	A	T	I	O	N
				M	I	N	O	R	T		O
	D	I	S	A	G	R	E	E	I		S
	I		P	R	E	S	E	N	C	E	E
	S		H	R	V	I	R	U	S		
	H	U	O	Y							
	R	I	N	T	E	R	E	S	T	E	D
T		B	E	L	O	N	G				

Puzzle #45

					C	R	I	S	I	S	
	M	A	S	S	I	V	E		E		
						V	B	X		A	
					E	I	I				
				R	L	S	O				
			A	L	T	F	L	S	O	U	P
		L		I	O	R	O	C	K		
			N		O	L	G	R			
		G		E	D		I		G		
				I	W		C			E	
			E			T	A	L	E		T
C	A	R	E	F	U	L	L				

Puzzle #46

	V										
	O										
O	L										
V	U			M	O	U	N	T			A
E	M	F	O	R	T	H					P
R	E	S	P	E	C	I	A	L	L	Y	P
C	T		T	H	I	R	D				A
O		I	F	U							R
M	R			I	D	I	V	I	D	E	E
E		T	A	B	L	E	S	P	O	O	N
						L	N	O	T	E	T
	I	N	T	E	R	A	C	T	I	O	N

Puzzle #47

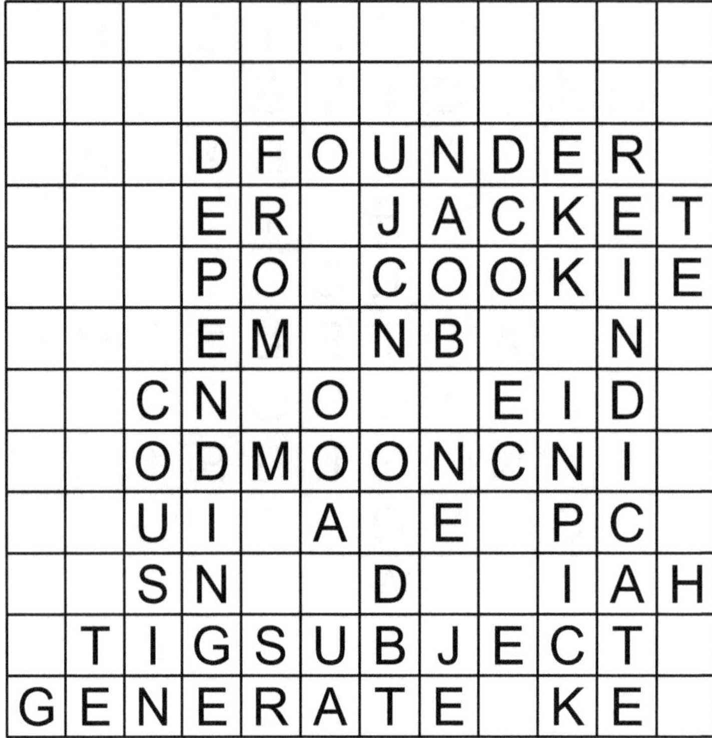

			D	F	O	U	N	D	E	R	
			E	R		J	A	C	K	E	T
			P	O		C	O	O	K	I	E
			E	M		N	B			N	
		C	N		O			E	I	D	
		O	D	M	O	O	N	C	N	I	
		U	I		A		E		P	C	
		S	N			D			I	A	H
	T	I	G	S	U	B	J	E	C	T	
G	E	N	E	R	A	T	E		K	E	

Puzzle #48

E	X	P	E	N	S	I	V	E			N
		I	N	C	E	N	T	I	V	E	E
		C				S				X	W
		O	A			I		S	P		S
		N	F		R	D	C	L	J		P
		V	F			E	A	U			A
		E	A		N	N	S	O	F	T	P
		N	I	A	A	T		P			E
	B	T	R	T			H	W	E		R
		I	I					A		C	
	O	O	R					K	N		T
	N	N		D	E	S	K	E		K	

Puzzle #49

										F	
	W									U	B
R	H		T	H	E	R	E	F	O	R	E
D	E	S	T	R	U	C	T	I	O	N	G
	R	L							T	I	I
	E		A	V	O	I	D		H	T	N
	P	C		T		F			E	U	N
	A	R	U		I		A		R	R	I
R		A	A	S		V		D		E	N
		Z	H	Y	T		E		E		G
		Y			E	O	P	L	A	N	T
						R	M		Y		

Puzzle #50

		N	A	T	I	O	N	A	L		
			F	L			R	G			
			O		M	T	S	E	V	E	N
		A	U		I						E
	N		R	S	N						C
			T	F	O	R	W	A	R	D	E
		I	H		R						S
	C	A	P		I					T	S
		T	E	S	T	I	N	G	A	A	A
					Y	H		R	F		R
							A	E			Y
								T			

Puzzle #51

			E		S		P	D	R		
	C	D	L		C		R	I	E		
	O	O	E		H		I	V	D		
D	N	W	M		O		E	I	U		M
E	F	N	E	M	L		S	S	C		A
F	I	T	N	S	A	T	T	I	E		R
E	R	O	T	H	R	N		O			K
N	M	W		I	S		D	N			E
S		N	B	R	H			E			T
I		U		T	I				R		I
V	T				P	O	R	T	I	O	N
E	A	R			N	O	T	H	I	N	G

Puzzle #52

	A										
B	C	H	R	I	S	T	I	A	N		
E	T										
N	I	N	V	I	T	E	R	E	A	C	T
E	V				B	R	O	W	N		E
F	I	R	S	T					I		N
I	T	S	I	N	G	L	E	B	M	C	T
T	Y		S	A	D	E	Q	U	A	T	E
				U				S	L	N	
	C	O	N	F	E	R	E	N	C	E	D

Puzzle #53

				O							
					R				I		
						D		N			
		A	S	S	O	C	I	A	T	E	
		E	R			T		N			
	X			M	I	F			A		
			A	A	E	U	E			R	
		S	L	E	F	D	P	A			Y
	K	L	L			R		A	R		
	Y	I	A	I	I		A		R		
	N		K	D	N			M		T	
G	G	R	E	E	N	K			E		Y

Puzzle #54

			U	N	I	O	N		D		
S	C	A	R	E	D				I		
	H			V		S			S		
	F	O		E	T		H		C		
		L	P	R		E			O		
		A	E	P	R				U		
	G	T		S	I				R		I
E	C		E		H	N			S		N
H		L			S	E	G	M	E	N	T
	F			S	C	I	E	N	C	E	O
						L	A	Y			
					B	I	R	T	H		

Puzzle #55

		L		M							
			I	A							
D	E	P	U	T	Y					S	
		E		C	T				A		
		T		H		L	H	M			
					T	W	E	N	T	Y	
				H	F	A	R	M	E	R	
	A		I		F	A	I	R	L	Y	
		N	E	X	C	I	T	I	N	G	
	G		G		C	H	A	P	T	E	R
				E			G	A	N	G	
					R	R	E	S	T		

Puzzle #56

							S				
								T		G	
	B	R	O	K	E	N	S	C	A	L	E
			E			C		R	N	K	
				M	R		A		X	L	E
				U	O	G			I	R	
			C		E	V		F	E	E	L
		I		O			E	V	T	G	E
	A				R		E		Y	A	A
L	O	N	G			N				R	D
					U			W	I	D	E
			W	E	A	T	H	E	R		R

Puzzle #57

				R	A	P	I	D	L	Y	
					C	O	M	P	O	S	E
	C	S	O	U	R	C	E		C		O
	O	K		T	E		R		A	U	
	N	I		I	S	X	E		T		
	S			L	I		P	C	E		
	U		A	I	S		O	R			
	L	S	B	T	T	M			E		
	T		L	Y	E					S	
	A		E	M	P	H	A	S	I	S	S
I	N	F	O	R	M						
	T										

Puzzle #58

					S						P
R	E	P	U	T	A	T	I	O	N		R
W	O	R	R	I	E	D					O
		O	E	R		V					P
S	K	E	X	P	E	R	I	E	N	C	E
E					E	V	B	E		A	R
T						A	E	E	W	K	L
T					N		T	A	A	E	Y
I						E		E	L	C	
N				B	A	R			D		H
G				C	O	L	U	M	N	L	
			H								Y

Puzzle #59

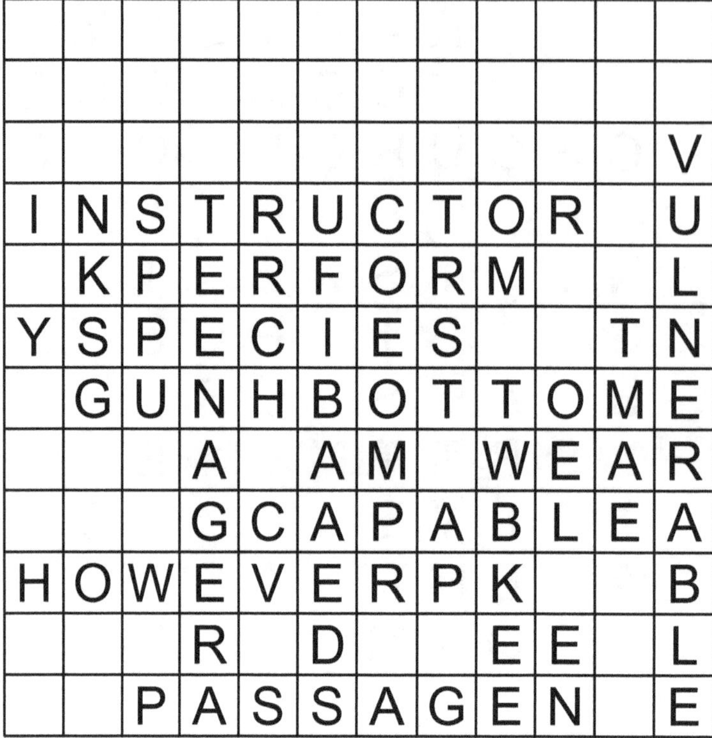

											V
I	N	S	T	R	U	C	T	O	R		U
	K	P	E	R	F	O	R	M			L
Y	S	P	E	C	I	E	S			T	N
	G	U	N	H	B	O	T	T	O	M	E
			A		A	M		W	E	A	R
			G	C	A	P	A	B	L	E	A
H	O	W	E	V	E	R	P	K			B
			R		D			E	E		L
		P	A	S	S	A	G	E	N		E

Puzzle #60

		P	R	I	M	E					
			R								
				O						B	
					D		B			E	
		D	I	S	P	U	T	E		L	
			P		I		C			I	
	W	O		L				T		E	
	A	A	D	F	A	I	L			V	
	R	I	N	D		T	R	I	B	E	
	N	I		T	W	H	E	T	H	E	R
G		S	C	H	O	O	L				
			R	E	Q	U	E	S	T		

Puzzle #61

	A			W		T				P	
P		N		M	O				R		
O	R	H	Y	N	I	O		O			E
R		O	G	W		S	D				N
C		U	P		H	U	T	E			T
H	E	S		O	C	E		A	N		E
	S	E		E	R		R		K		R
		L	R	R		T		E		E	P
			I			V	I	E	W	E	R
		B		P		C	L	O	U	D	I
	L	E	N	G	T	H			N		S
E	N	C	O	U	N	T	E	R			E

Puzzle #62

				P							C
				R	A	D	I	O			A
	S	C	I	E	N	T	I	F	I	C	L
				S	P	E	C	I	F	I	C
	H		K	I	D	P					U
	U			D		J	O	B			L
	M	O	V	E	M	E	N	T			A
	A		V	N	X			L	A	W	T
	N	E		T		I			A	T	E
	N						S	R		D	O
T	H	R	O	A	T		E	T			Y

Puzzle #63

	N	C		P	O	S	S	I	B	L	Y
	E	R	A	U							
	R	I		R							
	V	T		C	A	S	T				
	E	I		H							
W		C	B	A	S	I	C	A	L	L	Y
J	E	A		S	N	O					
B	U	L	L	E	T	Y	R				
A		R	F	I			W	R			
N			Y	A	V			A	Y		
K					R	E			Y		
		S	U	C	C	E	E	D			

Puzzle #64

		P			H						
		O		A					S		
	E	W	N			K	R	W	T		
		D	K		I		E		R		
	L	E	I	L		E	L		E		
E		R	L	T	P		Y	H	A		M
		I	L		I	L		O	M	I	
	N		E		A	O	A	U	S		K
G			R	U	T	E	N	S	I	O	N
			G				I	I	T		O
		H				L		N		I	W
	C	U	R	R	E	N	T	G			C

Puzzle #65

S	L	I	D	E	T	L					
	E	N	G	I	N	E	E	R	I	N	G
	M	N	E	W	L	Y	S	A			
	O		V					T	G		
	N	B		I					I	U	
	P	L	A	L	R	E	A	D	Y	F	E
G	R	A	N	D	M	O	T	H	E	R	Y
	O	M		E			N				
	M	E		P	A	C	K	M			
	I			E		H	E		E		
	S			N		I	Y			N	
	E			D		P					T

Puzzle #66

W					M						
R				A			A	B	O	U	T
I			R	E	F	E	R		P		
T		G					R	A	P	I	D
I	I						S	H	O	R	T
N	E	I	T	H	E	R	E	A	S	T	
G	H	A	I	R	L	I	N	E	I		
	D	I	S	A	B	I	L	I	T	Y	
			D	T	G				I		
				E	E	I			O		
						R	F		N		
			R	O	M	A	N	T	I	C	

Puzzle #67

Puzzle #68

Puzzle #69

O	A				F	O	R	M	U	L	A
B		W			F	R	U	I	T	I	
L	B		F				N	N		F	
I		R		U		F		V		E	
G			E		L			E		S	
A	R			A			C	S		T	
T	E		T		S	E	A	T		Y	
I	C	I				T	U	I	I	L	
O	O	B	J	E	C	T	S	G		E	
N	R						E	A			
	D	S	T	A	T	I	S	T	I	C	S
		S	T	R	A	N	G	E	R		

Puzzle #70

				G				S			
			L				P	T			L
E		O	V	E	R	L	O	O	K		E
M	V						I	C			A
E	W	I	N	T	E	R	N	K	D	M	R
A			D		S		T	E	E		N
N		H		E			M	R	F		I
I		O	C		N	A	I		E		N
N		U			N	C			A		G
G	R	R		D	A		E		T	I	
E				N					V		
						P	L	E	N	T	Y

Puzzle #71

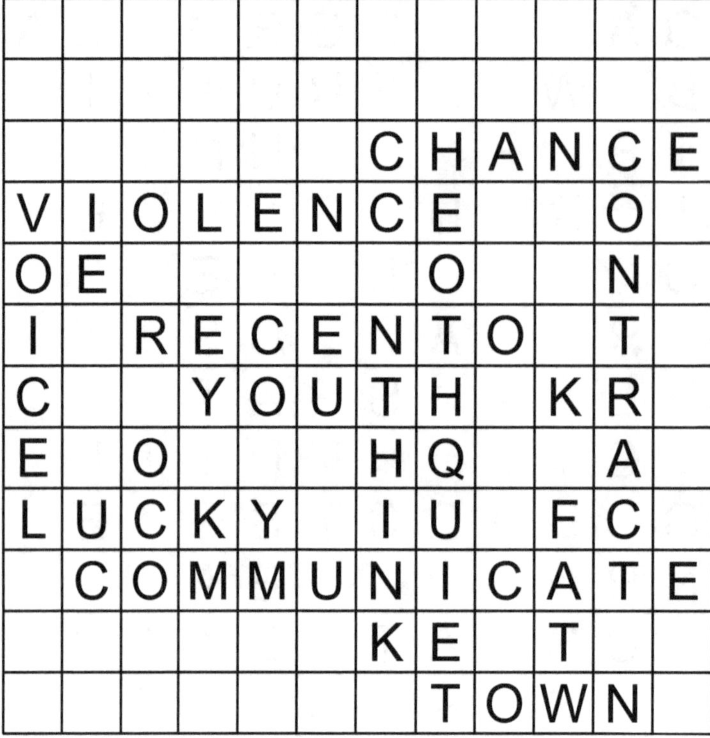

						C	H	A	N	C	E
V	I	O	L	E	N	C	E			O	
O	E						O			N	
I		R	E	C	E	N	T	O		T	
C			Y	O	U	T	H		K	R	
E		O				H	Q			A	
L	U	C	K	Y		I	U		F	C	
	C	O	M	M	U	N	I	C	A	T	E
						K	E		T		
							T	O	W	N	

Puzzle #72

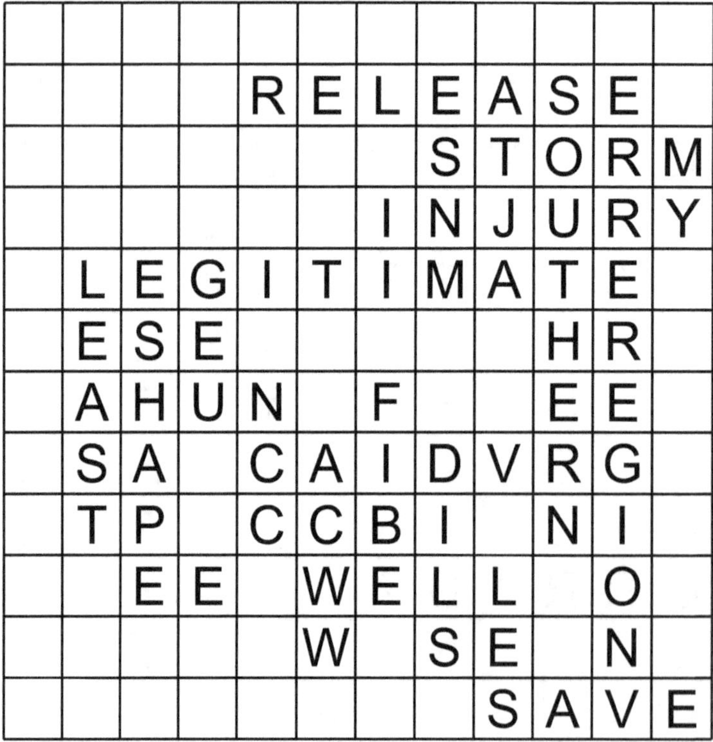

				R	E	L	E	A	S	E	
							S	T	O	R	M
						I	N	J	U	R	Y
	L	E	G	I	T	I	M	A	T	E	
	E	S	E						H	R	
	A	H	U	N		F			E	E	
	S	A		C	A	I	D	V	R	G	
	T	P		C	C	B	I		N	I	
		E	E		W	E	L	L		O	
					W		S	E		N	
								S	A	V	E

Puzzle #73

W	H	I	L	E						T	
		N		Y	E	T				O	
		E	R	E	P	L	Y			W	O
		C		O	O				C	A	P
	T	E	M	P	E	R	A	T	U	R	E
	O	S		E	T				P	D	R
	M	S		R	R	R					A
	O	A		A	Y	E	I				T
	R	R		T			A	C			E
	R	I		I				D	K		
	O	L		N					E		
	W	Y		G	R	A	D	E		R	

Puzzle #74

						A	N	N	U	A	L
									S	S	
									U	S	
S	G	O	V	E	R	N	O	R	R	O	
I	C		S				P	A	V	C	
M	O		H	C		R		I	I	I	
I	R		O	F	I	L	M	S	V	A	
L	N	V	W	S	K			E	O	T	H
A	E		E	D	E	A	T	H	R	I	
R	R	D	R		E				P	O	
					P	R	E	T	E	N	D

Puzzle #75

S	T	U	F	F							
U					S	P	O	R	T		
P	E	R	C	E	N	T	A	G	E		
R			E	M	A	N	N	E	R		
E		K	C	O	N	C	E	P	T		
M			A	T	T	I	T	U	D	E	
E				I	T	E	M	H			
C	U	S	T	O	M	E	R		I	N	
		C	O	N	N	E	C	T		N	
				A	G	R	E	E			
				L							

Puzzle #76

			S	T	R	A	N	G	E		
F	C			U				F		R	
	A	O	D		P			F	E	W	
	R	I	L	R		P		C	A	E	
D	E		T	L	U	B	O		G		I
	I			H	E	G		S	R	D	N
		S		T	N	A	U		E		S
			T	I		R	G	N	E	D	P
		E	T	A	F		T	U	M		I
	R	I		A	N	I			E		R
	O		C		F	C			N		E
N		E		Y			E		T		

Puzzle #77

											D
	R	E	F	L	E	C	T	I	O	N	A
			R			C	O	M	M	O	N
		W	E	E	K	L	Y	I	A		G
		B	Q				R	T		P	E
			U		H	R	T				R
			E	R	O	E				C	A
			N	R	N		Y	O	U	R	S
			T	D	E	F	I	N	E	A	S
			L	E	T	T	E	R		F	E
			Y							T	T

Puzzle #78

	B			M							
	R	R	E	S	T	A	U	R	A	N	T
	E	T				S			O		
	A		G	R	E	A	C	T	I	O	N
L	T		U	P	O	S	S	E	S	S	F
	H		A			T			N		O
	E		R		B	R	O	A	D	E	O
		V	A	L	U	E					D
			N	L	A	N	G	U	A	G	E
			T	T	O	G	E	T	H	E	R
			E			T					
			E		C	H	E	S	T		

Puzzle #79

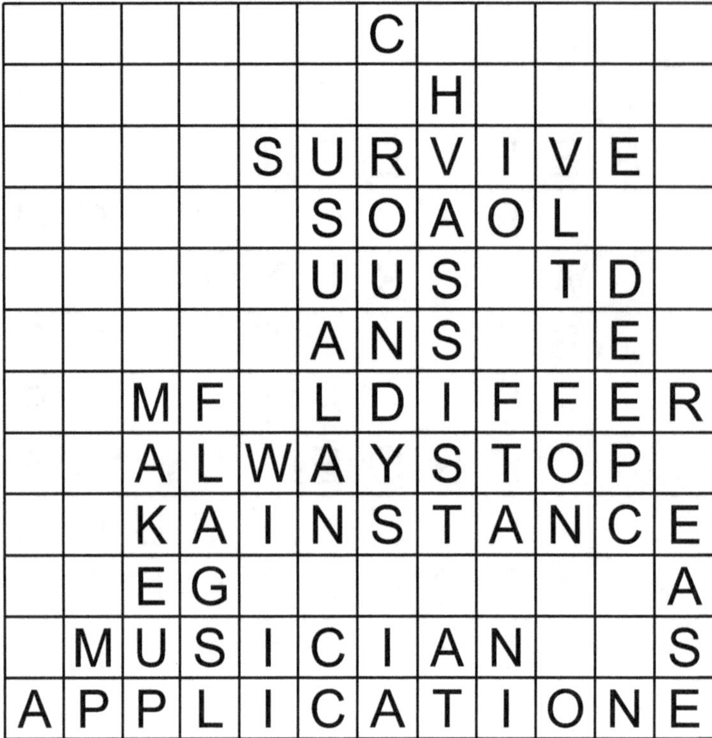

						C					
							H				
				S	U	R	V	I	V	E	
					S	O	A	O	L		
					U	U	S		T	D	
					A	N	S			E	
		M	F		L	D	I	F	F	E	R
		A	L	W	A	Y	S	T	O	P	
		K	A	I	N	S	T	A	N	C	E
		E	G								A
	M	U	S	I	C	I	A	N			S
A	P	P	L	I	C	A	T	I	O	N	E

Puzzle #80

										J	
							E		U		
			C			M	X	M			
			O		D	U	P	R	O	U	D
			N		E	T	E			C	
F	W	I	S	H	T	U	C	R		Y	
I			T	H	E	A	T	E	R	C	D
G		E	A		R	L	A	C		L	I
H	X		N		M		T	O	P	E	N
T			T		I		I	V			N
		I	L		N		O	E			E
	P		Y		E		N	R			R

Puzzle #81

		C	O	G	N	I	T	I	V	E	
		I	N	C	R	E	A	S	E	D	
S					A		T	P			
U			T	C	D	R		E			
P		A	H	E	O		S	C			
P	I	E	A	N	C	T	H	I			
L	R	L	G	B	A	H		A			
Y	E	L		B	E		N	L	P		
R	Y		L	G		A		I		P	
		I		O			U	S	Q		Y
	S	T	H	O	U	G	H	T		U	
H	E	R	O	D					Y		E

Puzzle #82

	S	A	L	T				R	D		M
	T	R	O	U	B	L	E	E		A	W
	O					I	B	V	J		H
	N				N	A		O	S	E	I
U	E	F		F	T		R	L	A	P	T
N			O	E		I		U	T		E
I		R		R	T	S		T	I		
V	C			Y	T		Q	I	S		
E				R		U		O	F		
R			O		I		N	N	Y		
S		N		C				E			
E	G		K								

Puzzle #83

P	A	L	E	S	T	I	N	I	A	N	
L								B			
E	Q	U	A	L			O				
A		B	O	Y	F	R	I	E	N	D	
S					T		X		W		
E				I		P	A	R	T		O
			O		L		A		H		R
		N		A	A	P		S	E	N	D
			I		R			T	N		E
		N			G			I			R
D	E	C	I	D	E		G	R	A	Y	

Puzzle #84

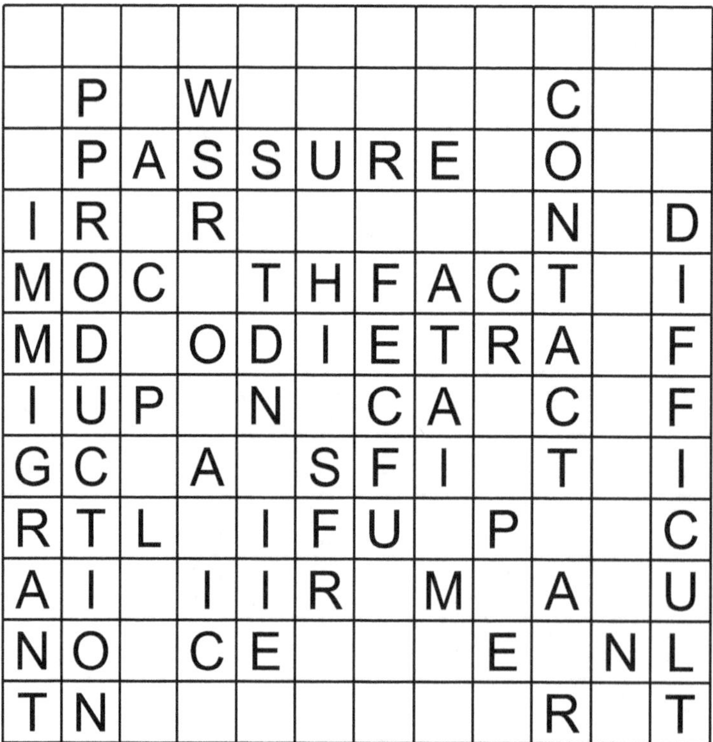

	P		W						C		
	P	A	S	S	U	R	E		O		
I	R		R						N		D
M	O	C		T	H	F	A	C	T		I
M	D		O	D	I	E	T	R	A		F
I	U	P		N		C	A		C		F
G	C		A		S	F	I		T		I
R	T	L		I	F	U		P			C
A	I		I	I	R		M		A		U
N	O		C	E				E		N	L
T	N								R		T

Puzzle #85

	C	M	I	R	A	C	L	E		C	
	A	A			O				O	H	
	B	T	I	M	O	R	E	M	P	O	
	I	H	P	R			M		R	L	
	N	L	A		C	A		E	I	E	
	E	E	N		N	R	S	C	O	S	
X	T	T	E	D	H	I	A		R	T	
		I	L	Y	D	N		F	I	E	
		C	T	E	C			G	T	R	
		H	N	E			H		Y	O	
	M	T	R			T	E	A		L	

Puzzle #86

	S	Y	M	P	T	O	M				
S	T	T									
U	E		R		N	O	R	M	A	L	
B	E			A	R	T	I	C	L	E	
S	L		T	R	I	S	K				
T	L	I				G		C			
A	O	E				W	H	E	E	L	
N	U	S	E			E		T			
C	R		U	P	F						
E	F	F	E	C	T	I	V	E	L	Y	
	P	S	Y	C	H	O	L	O	G	Y	

Puzzle #87

						F					
					O	C	A	M	P		
			C	R	E	T	I	R	E		
			E	I			E	U			
		S			V	S		S		C	F
	T				S	I	P	S	L	A	A
				U	G	E	L	I	W	M	C
			R		A	E	E	A		O	T
		E		K	G	N	N	N	L	N	O
				A	T	D		D		G	R
			L		E				E		Y
		S	T	R	I	P				R	

Puzzle #88

M	E	A	S	U	R	E					
	X					T					
	A				B	O	M	B	I	N	G
	M	S	H	O	T	O			R	S	
	I	E	X	C	E	L	L	E	N	T	
	N	A	T				A		O	A	
	E	R		E		L		W		N	
		C			R	D	E	H		D	
		H	I	G	H	R		O		A	
				C	O	O	L	S		R	
						P		E		D	

Puzzle #89

				P						O	
					R	B	E		D		L
			E		D	E	S	D			O
			X		E	A	S	O		T	N
			I	E	P	T	E	E	O		G
			S	T	A		N	O	R		-
		E	T	H	R	O	T			V	T
	E	A	E	N	T	H	I				E
D	P		N	I	M	W	A	R			R
E			C	C	E		L	A	T	E	M
		E	E		N		L				
					T		Y				

Puzzle #90

				I		I	G	E	N	E	
			B	N			M	X			
		F	A	C	T	O	R	P	A	I	N
		I	L	O	N	O	T	A	O		
		N	A	M	A		S	N		S	
		D	N	E	F	U		S			E
		I	C	M	R			I			
		N	E	V	A			O			
		G	I		I	T		N			
		V			D		T				
G	A	L	A	X	Y			E			
L			A	N	O	T	H	E	R		

Puzzle #91

		C	O	N	T	I	N	U	E	D	
		S		H							
			E	U	R	O	P	E	A	N	
		O		L	W	D			L	O	
B	R			N	E	V	E	R	L	T	
Y	O		E	B	I	C	M		O	I	
		R	T		G		T	O	W	O	
			R	W	H	A	T	I	T	N	
				O	T			B	O	O	M
	E	L	S	E	W	H	E	R	E	N	R

Puzzle #92

		S									
			C							P	
			S	O	R	T				E	
			T	O	R				N	O	
		H	R		M	E		G		P	
	E	E	U	P	O	E	I			L	
Y		L	C	C	A	N	T			E	
		L	T		E	P	G	H			D
		O	U	E			E	O	I	R	
F	A	B	R	I	C			R	I	N	
	T	H	E	S	E			N		N	G
			C	H	I	C	K	E	N		G

Puzzle #93

						G				H	C
						E				O	
	H	U	N	T	I	N	G		N	M	
						E		T		E	
				H		T	R				L
	P	R	A	C	T	I	C	A	L		A
		I	T	D	B	C	S	I	N	G	Y
	R		E	U	E		A	R	I	S	E
		N	T			E		P			R
	Y	I				G	R	O	W	T	H
	O							R			
N						E	X	T	E	N	T

Puzzle #94

							R	A	C	E	
								O	L		
O		S					M	L	A		
B			K		T	M		D	S		
V				I	E	H			S		
I	D	E	A	R	L	M	O				
O	H		C	U	E	L	B	U			
U	E	I		B	P		I	R	G		
S	A				H			N	A	H	
L	V	R			O				D	C	
Y	Y		A		N	A	T	U	R	E	E
				B	E						X

Puzzle #95

			E	H							
P			X	Q	U	A	L	I	T	Y	
R			A			N	S				
E			M				T	H	Y		
F			I	F	A	L	S	E	E		
E	M		N				L	R	R	L	
R	E	G	A	R	D	L	E	S	S	L	F
E	M	A	T	C	O	N	S	U	M	E	
N	B	M	I	W	'	G	L	O	B	A	L
C	E	E	O	T						V	
E	R		N							E	

Puzzle #96

	C		A	R	R	I	V	A	L		
	O		P					U	G	L	Y
M	N	M	P				N	R		I	
A	S	U	R			L	A		S	M	
R	T	L	O		I	I		L	O	I	
K	R	T	V	K	N		A	U		T	
E	U	I	E			N	S			A	
T	C	P		M	D	E	H	O		T	
	T	L			P		A		N	I	
		E				T	R			O	
G	I	R	L	F	R	I	E	N	D	N	

Puzzle #97

	B	O	S	S							
	R		C								
	I			E			V	O	T	E	R
	T	R	I	P	A					D	
	I	E	A	S	Y	N			R	U	
	S		N		C		P	A	F	C	
	H	M		H		L	F	R		A	S
		A	O		A	T	O		O	T	
			N	O		N		T	A	O	
				G	T		C	T	H	R	F
						H	U	E		E	
						S					S

Puzzle #98

E											
F				C	A	P	T	A	I	N	
F				P		R					
I	C	O	M	F	O	R	T	L	V		
C				O		R		F	I	N	D
I	L		P				T		O	S	
E	I	I	N		P			R	L		T
N	G		N	I		E			A		
C	H		W	I	G		R		T	I	
Y	T	H			C	H		S	I		T
L	E	G	I	S	L	A	T	I	O	N	
N	E	E	D				L		N	N	

Puzzle #99

			B	I	L	L	I	O	N		
			C	A	S	H					I
			T	O						N	F
		I			F			S	G		
T	N	U			W	F	H	R			
Y	B	S	W	I	M	A	E				
P	R	E	F	E	R	D	L	E			
E	A	R		P	I			L			
	N	U	M	E	R	O	U	S			
	C		N								
	H	T	H	U	S						

Puzzle #100

			M							D	S
A	B	S	E	N	C	E			I	O	U
			A	D	M	I	T	F	M	B	D
	V		N		V		F	E	O		D
	A	T	W		A	I	W	O	U		E
	R	H	H		C	H	K	V	N		N
	I	I	I	U	A			E	T		
	E	R	L	T	T			R	A		
	T	T	E		I	E	N	T	I	R	E
	Y	Y		P	O	E	M		N		
	D	E	M	O	N	S	T	R	A	T	E

Esperamos que haya disfrutado de este libro de actividades.

Si es así, déjenos un comentario en nuestra página de productos.

¡Muchas gracias!

www.ingramcontent.com/pod-product-compliance
Lightning Source LLC
Chambersburg PA
CBHW081937160726
47999CB00008B/2428

* 9 7 9 8 7 2 2 0 8 3 5 2 4 *